Für meinen Sohn Jan – und seine Zukunft

EDITION 03

TORSTEN HENZELMANN

Erfolg durch GREEN TRANSFORMATION

Roland Berger
Strategy Consultants

Erfolg durch Green Transformation
von Prof. Dr. Torsten Henzelmann
Band 3 der Reihe „Re:think CEO"

Bibliografische Information der Deutschen Nationalbibliothek:
Die Deutsche Nationalbibliothek verzeichnet diese Publikation in der
Deutschen Nationalbibliografie;
detaillierte bibliografische Daten sind im Internet über
http://dnb.d-nb.de abrufbar.

Mix
Produktgruppe aus vorbildlich
bewirtschafteten Wäldern und
anderen kontrollierten Herkünften

Zert.-Nr. SGS-COC-001940
www.fsc.org
© 1996 Forest Stewardship Council

1. Auflage
Copyright © 2010 BrunoMedia GmbH
Bonner Straße 328, 50968 Köln
www.brunomedia.de

Dieses Werk einschließlich aller seiner Teile ist urheberrechtlich geschützt.
Jede Verwertung außerhalb der engen Grenzen des Urheberrechtsgesetzes ist
ohne Zustimmung des Verlags unzulässig und strafbar. Das gilt insbesondere
für Vervielfältigungen, Übersetzungen, Mikroverfilmungen und die Einspeicherung und Verarbeitung in elektronischen Systemen.

Gestaltung: d-sign us, Ulrich Schmidt-Contoli
Cover-Entwurf: Susanne Funk
Lektorat: BrunoMedia GmbH
Druck und Bindung: GGP Media GmbH, Pößneck
Printed in Germany
ISBN: 978-3-9812730-7-6

„Es ist nicht genug zu wissen,

man muss es auch anwenden.

Es ist nicht genug zu wollen,

man muss es auch tun."

Johann Wolfgang von Goethe

INHALTSVERZEICHNIS

Vorwort	**10**
Einführung	**17**

Teil 1
Die Treiber der Green Transformation — **23**

Kapitel 1
Megatrends — **25**

Kapitel 2
Stakeholder — **41**

Kapitel 3
Chancen und Risiken der Megatrends — **71**

Teil 2
Green Transformation –
der Weg zu nachhaltigem Wachstum — **91**

Kapitel 4
Green Leadership — **93**

Kapitel 5
Green Procurement — **109**

Kapitel 6
Green Production - Energieeffizienz   **125**

Kapitel 7
Green Production - Rohstoffeffizienz   **149**

Kapitel 8
Green Products   **165**

Kapitel 9
Green Marketing   **183**

Kapitel 10
Green Controlling   **197**

Auf einen Blick   **211**

Eine Bemerkung zum Schluss   **219**

Glossar   **221**

Quellenangaben   **226**

Vorwort

Als ich im März die ersten Interviews für dieses Buch führte, wehte keine Frühlingsbrise, sondern ein eisiger Wind über den Bahnsteig; in den Blumenrabatten am Bahnhofsvorplatz hatten die Krokusse im Kampf gegen die geschlossene Schneedecke resigniert. Während ich auf meinen Zug wartete, hörte ich Gesprächsfetzen aus der Unterhaltung zweier Reisender: „Da reden die immer von der globalen Erwärmung, und jetzt ist es immer noch bitterkalt." – „Das mit dem Klimawandel wird doch bloß aufgebauscht."

Ganz im Gegenteil: Ich habe den Eindruck, dass die möglichen Auswirkungen des Klimawandels nach wie vor unterschätzt werden, zumindest in der langfristigen Planung vieler Unternehmen. Aber der Klimawandel und die immer knapper werdenden Ressourcen bei einer wachsenden Weltbevölkerung werden in den nächsten Jahrzehnten die Rahmenbedingungen für die gesellschaftlichen und wirtschaftlichen Entwicklungen setzen.

Während der Arbeiten an diesem Buch ereignete sich eine der größten Umweltkatastrophen der letzten Jahrzehnte. Am 20. April zerstörte eine Explosion die Bohrinsel „Deepwater Horizon" im Golf von Mexiko, elf Menschen kamen dabei ums Leben. Seitdem haben sich aus dem Bohrloch in 1.525 Metern Tiefe jeden Tag über 9 Millionen Liter Öl ins Meer ergossen. Bis Mitte Juni, so die vorläufigen Schätzungen, sind insgesamt etwa 517 Millionen Liter Öl ausgeströmt. Die Ölpest richtet verheerende Schäden an den US-Küsten an, bringt Abertausenden von Vögeln und Fischen den Tod und vernichtet die Existenz von Fischern und Tourismusunternehmen. Bis zur Drucklegung dieses Buch ist es BP nicht gelungen, das Bohrloch unter Kontrolle und den Ölfluss zum Versiegen zu bringen.

Noch lassen sich die ökologischen und ökonomischen Schäden des größten Öl-Unglücks in der Geschichte der USA nicht genau beziffern. Eines ist jedoch sicher: Die Katastrophe im Macondo-Feld ist ein dramatisches Warnsignal, dass der Anfang vom Ende des Ölzeitalters begonnen hat. Der Öko-GAU führt klar vor Augen, welche Risiken die Ölförderung in Tief- und Tiefstwasser birgt. Bisher gingen optimistische Schätzungen davon aus, dass das Öl – und damit das derzeitige Lebenselixier der Weltwirtschaft – noch mindestens fünf Jahrzehnte sprudeln wird. Diese Prognose basiert allerdings auf der Erschließung der Ölreserven in tiefen Gewässern. Wenn die Ausbeutung dieser Vorkommen eingeschränkt werden muss, lässt sich die globale Ölfördermenge nicht in dem Maß steigern, dass sie der wachsenden Nachfrage gerecht wird. Die Internationale Energieagentur (IEA) warnt bereits vor kräftigen Preissprüngen.

Die Ölpest im Golf von Mexiko ist ein Menetekel, das die Gefahren der Abhängigkeit von fossilen Energieträgern zeigt. Es ist höchste Zeit zum Umdenken. In seiner „Rede an die Nation" am 15. Juni 2010 erklärte Barack Obama: „Die Tage des billigen Öls sind gezählt." Der Präsident der Vereinigten Staaten betonte die Notwendigkeit einer neuen Energiepolitik, die auf Energieeffizienz und erneuerbare Energien setzt, um die Abhängigkeit der US-Volkswirtschaft von Öl, Gas und Kohle zu reduzieren. Diesen Richtungswechsel in der Energiepolitik haben die meisten europäischen Länder bereits vollzogen.

Einige Unternehmen haben die Zeichen der Zeit erkannt und begriffen, dass Klimawandel und Ressourcenknappheit in den nächsten Jahrzehnten die ökonomischen Spielregeln grundlegend verändern werden. Jeder Gesellschafter und Manager eines Unternehmens ist deshalb gut beraten, sich rechtzeitig mit den Auswirkungen dieser Megatrends auf das eigene Geschäftsmodell zu befassen. Für diese Auseinandersetzung will dieses Buch Denkanstöße geben – und zwar ohne moralisch erhobenen Zeigefinger, ohne Panikmache, ohne Betroffenheitsprosa.

Die Publikation ist in zwei Hauptteile gegliedert. Im Fokus von Teil I stehen die Treiber einer Green Transformation. Nach einer Einführung befassen sich die ersten zwei Kapitel eingehend mit den Megatrends Klimawandel und Ressourcenknappheit und stellen dar, wie diese Phänomene die Erwartungen und Ansprüche der Stakeholder verändern. Vor diesem Hintergrund werden in Kapitel 3 die Chancen und Risiken dieser Entwicklung für Unternehmen und Branchen dargestellt; in diese Betrachtung fließen auch volkswirtschaftliche Aspekte mit ein.

Der Schwerpunkt von Teil II liegt auf der Umsetzung der Green Transformation auf Unternehmensebene. Es geht dabei im Wesentlichen um Denkanstöße und grundlegende Regeln, die es bei der Green Transformation zu beachten gilt. Ich beschreibe, wie Unternehmen schon heute die aus den Megatrends resultierenden Risiken meistern und die Chancen nutzen. Die Darstellung und Reihenfolge der Kapitel entsprechen der Logik der Wertkette: Zuerst wird Green Leadership als übergreifendes Thema des betrieblichen Wertschöpfungsprozesses betrachtet. Dann folgen die Kapitel Green Procurement, Green Production, Green Products, Green Marketing und Green Controlling.

Dieses Buch setzt den Akzent ganz bewusst auf Praxisbezug: Viele Beispiele lassen erkennen, dass die Green Transformation in der Wirtschaft bereits in Gang gekommen ist. Anhand konkreter Darstellungen zeige ich, wie das Konzept des Sustainable Business in der Unternehmenspraxis bereits gelebt oder in der Zukunft gestaltet werden kann.

Dafür habe ich zum einen auf allgemein zugängliche Informationen, etwa in Medien und Unternehmenspublikationen, zurückgegriffen. Die Richtschnur bei der Auswahl der Beispiele war die Absicht, ein Panorama von Eindrücken aus Unternehmen verschiedener Branchen und unterschiedlicher Größe zu gewinnen. Der Schwerpunkt liegt dabei bewusst auf deutschen Unternehmen, die nicht zur klassischen Umwelttechnik-Branche gehören.

Mein Dank gilt dem Wirtschaftsjournalisten Ralf-Dieter Brunowsky und insbesondere Frau Andrea Wiedemann, die mich bei der redaktionellen Arbeit „unermüdlich" unterstützt hat.

Eine enorm bereichernde und ergiebige Quelle waren die Interviews, die ich im Rahmen der Recherchen für dieses Buch mit einzelnen Unternehmen führen konnte. Ich weiß es wirklich sehr zu schätzen, dass sich meine Gesprächspartner die Zeit genommen haben, meine Fragen ausführlich und offen zu beantworten.

Für ihre Mitwirkung und wertvollen Beiträge möchte ich mich ganz herzlich bedanken bei

- Hans-Jochen Beilke, Vorsitzender der Geschäftsführung der ebm-papst Gruppe
- Dr. Sönke Brodersen, Leiter Forschung, und Rainer Michalik, Integrierte Managementsysteme und Nachhaltigkeitsmanagement, KSB Aktiengesellschaft
- Dr. Ignacio Campino, Vorstandsbeauftragter für Nachhaltigkeit und Klimaschutz, Deutsche Telekom AG
- Albert Filbert, Vorstandsvorsitzender der HEAG Südhessische Energie AG (HSE)
- Dr. Cordula Mock-Knoblauch, Koordination Klimaschutz, BASF SE
- Dr. Axel Nawrath, Vorstand der KfW Bankengruppe
- Dr. Werner Schnappauf, Hauptgeschäftsführer des Bundesverbandes der Deutschen Industrie e.V.

Prof. Dr. Torsten Henzelmann
München, Juni 2010

Einführung

Nur 42 Prozent der Deutschen haben Angst vor der globalen Erwärmung; im Herbst 2006 waren es noch 62 Prozent; jeder dritte Deutsche hält die Prognosen über die Folgen des Klimawandels nicht für zuverlässig. Zu diesen Ergebnissen kam eine Infratest-Umfrage, die der „Spiegel" im Frühjahr 2010 durchführen ließ.[1]

Offensichtlich schwindet der Grad der Besorgnis, während die Gefährdung des Ökosystems Erde wächst. Die Lücke zwischen Wahrnehmung und Realität klafft vermutlich deshalb, weil das Risiko abstrakt und damit gut verdrängbar ist. Einer meiner Interview-Partner brachte es auf den Punkt: „Wenn im Rhein Tierkadaver und Müll schwimmen würden, würde keiner mehr an der Notwendigkeit des Klimaschutzes zweifeln." Die Wirtschafts- und Finanzkrise tat ein Übriges, die Gefahren des Klimawandels an die Peripherie der kollektiven Wahrnehmung zu drängen.

Zu Unrecht: Auch wenn die Folgen der globalen Erwärmung noch kaum zu spüren sind – zumindest nicht hier in Deutschland –, ist der Klimawandel eine reale und existenzielle Bedrohung für das Ökosystem unseres Planeten. Damit das Worst-Case-Szenario einer globalen Erwärmung von mehr als zwei Grad Celsius nicht eintritt, müssen die Treibhausgasemissionen weltweit drastisch reduziert werden.

Soll sich die Erde nicht in einen trostlosen Ort verwandeln, müssen ihre Bewohner nicht nur Strategien gegen den Klimawandel entwickeln, sondern auch die Herausforderung immer knapper werdender natürlicher Ressourcen bei einer wachsenden Weltbevölkerung bewältigen. Diese zwei Megatrends – Klimawandel und Ressourcenknappheit – werden in den nächsten Jahrzehnten wesentliche Aspekte der gesellschaftlichen und wirtschaftlichen Entwicklung bestimmen.

Derzeit ist das Kyoto-Protokoll die einzige Grundlage für den globalen Klimaschutz, die verbindliche Verpflichtungen der Unterzeichner-Staaten zur Verringerung ihrer Treibhausgasemissionen vorsieht. Nachdem auf dem Klimagipfel von Kopenhagen im Dezember 2009 kein Nachfolgeabkommen verabschiedet wurde, ist die internationale Klimapolitik im Moment mit vielen Fragezeichen versehen. Wie es nach dem Ende der ersten Verpflichtungsperiode 2012 weitergeht, wird sich wohl frühestens Ende dieses Jahres in der mexikanischen Stadt Cançun entscheiden, wo die nächste große Klimakonferenz stattfindet.

Auch wenn die Dynamiken und Ergebnisse der internationalen Klimaverhandlungen noch unklar sind, eines steht schon fest: Immer mehr Staaten haben die Reduktion der Treibhausgasemissionen ganz oben auf die politische Agenda gesetzt: Das „20-20-20-Ziel" der Europäischen Union sieht bis 2020 eine Reduzierung des Treibhausgasausstoßes um 20 Prozent gegenüber 1990 vor.[2] Obwohl die Volksrepublik China verbindliche CO_2-Minderungsziele im Rahmen internationaler Abkommen weiterhin ablehnt, forciert sie im eigenen Land das Tempo auf dem Weg zu einem Wirtschaftswachstum mit verringerter Energieintensität: Bis 2020, so die Ankündigung der chinesischen Regierung, soll der CO_2-Ausstoß pro BIP-Einheit um 40 bis 45 Prozent sinken. Diese Vorgabe ist nur erreichbar, wenn die Energieeffizienz erheblich zunimmt.[3]

Diese Beispiele aus der internationalen Klimapolitik

zeigen, dass die Megatrends Klimawandel und Ressourcenknappheit schon heute eine Schlüsselrolle spielen und die politischen und wirtschaftlichen Rahmenbedingungen zunehmend beeinflussen. Deshalb kann sich kein Unternehmen mehr leisten, diese Megatrends zu ignorieren, denn „künftiges Wachstum dürfte aus einer neuen Mischung von Ökonomie, Ökologie und gesellschaftlichem Engagement generiert werden. Man kann diesen Strukturwandel der Wirtschaft auch als ‚Eco-Trends' bezeichnen." – Zu diesem Schluss kommt eine im Januar 2010 veröffentlichte Studie der Allianz Global Investors.[4]

Unternehmen können diesen Strukturwandel nur dann als Rückenwind für ihren Erfolg in der postfossilen Industriegesellschaft nutzen, wenn sie sich entsprechend positionieren. Und dafür wiederum müssen sie analysieren, wie stark die einzelnen Glieder ihrer Wertkette auf die Folgen der Megatrends Klimawandel und Ressourcenknappheit reagieren – und die notwendigen Konsequenzen ziehen. Sustainable Business ist die Handlungsmaxime eines ganzheitlichen Managements, das die drei Dimensionen Ökologie, soziale Verantwortung und Ökonomie in die Strategie und sämtliche Prozesse des Unternehmens integriert. Anders ausgedrückt: Sustainable Business strebt Erfolg im Sinn der sogenannten „Triple Bottom Line" an: People, Planet und Profit. Damit entspricht dieses Konzept dem Leitbild der Nachhaltigkeit mit den drei Säulen Umwelt, Gesellschaft und Wirtschaft.[5]

Der Begriff der „Nachhaltigkeit" erlebt seit 1987 eine Renaissance in der politischen und ökonomischen Diskussion, als der Abschlussbericht „One Common Future" der Weltkommission für Umwelt und Ernährung der Vereinten Nationen veröffentlicht wurde. Nachhaltigkeit im Sinn des Brundtland-Berichts[6] bedeutet „eine Entwicklung, die den Bedürfnissen der heutigen Generation entspricht, ohne die Möglichkeiten künftiger Generationen zu gefährden, ihre eigenen Bedürfnisse zu befriedigen und ihren Lebensstandard zu wählen."[7]

Sustainable Business ist weiter gefasst als das gängige Verständnis von Corporate Social Responsibility (CSR) mit den beiden Dimensionen Ökologie und soziale Verantwortung. Durch diese Beschränkung erfüllt

CSR in erster Linie eine risikominimierende und geschäftsfördernde Funktion und wird teilweise mit „guten Taten" jenseits des Kerngeschäfts assoziiert. Im Fokus steht also die Gewinnverwendung. Beim Konzept Sustainable Business geht es jedoch auch wesentlich darum, Gewinn zu generieren.

Wenn Sustainable Business das Ziel ist, stellt sich die Frage nach dem Weg. Dieses Konzept wird schließlich nicht über Nacht per Vorstandsbeschluss zur Realität, sondern nur durch einen mehrstufigen, intensiven Prozess. Diesen Weg bezeichnen wir als Green Transformation. Als ganzheitlicher Ansatz betrifft die Green Transformation die strategische und operative Ebene der Unternehmensführung ebenso wie die normative Unternehmensführung. „Transformation" meint dabei eine bewusste Entscheidung zur zielgerichteten und grundlegenden Veränderung. Ansatzpunkte sind die wesentlichen Dimensionen des Unternehmens: Führung und Verhalten der Mitarbeiter, Strukturen und Prozesse sowie die Positionierung am Markt.

Teil I

Die Treiber der Green Transformation

Kapitel 1

Megatrends

„*Wer morgen erfolgreich sein will, muss heute handeln. Das trifft ganz besonders zu für Marktchancen, die sich uns durch globale Veränderungen wie Bevölkerungswachstum, Verstädterung und steigenden Energiebedarf eröffnen. Lösungen für diese Herausforderungen zu entwickeln, sehe ich als entscheidende Basis für eine erfolgreiche Zukunft.*"

Dr. Jürgen Hambrecht
Vorsitzender des Vorstands der BASF SE

*D*en Begriff „Megatrend" hat der US-Autor John Naisbitt 1982 mit seinem gleichnamigen Bestseller geprägt. Dessen Untertitel lautet „Ten New Directions Transforming our Lives". Insofern ist die Bezeichnung „Megatrend" für Klimawandel und Ressourcenknappheit mehr als gerechtfertigt, denn diese Phänomene setzen weltweit neue Rahmenbedingungen für Gesellschaften und Ökonomien und sind deshalb Treiber der Green Transformation. Für Gesellschafter, Manager und Führungskräfte gibt es triftige Gründe, sich eingehend mit diesen Phänomenen zu befassen. Der übliche maximale Fünf-Jahres-Horizont der strategischen Planung reicht dabei aber nicht aus. Die Frage „Treffen die Megatrends mein Unternehmen, und wenn ja, wie hart" bestimmt die langfristige Agenda der Unternehmen. Die Mehrzahl der Unternehmen hat damit begonnen, die Auseinandersetzung mit den Megatrends in ihre Prozesse zur Strategieentwicklung zu integrieren und ihre langfristige strategische Planung entsprechend auszurichten.

Warum die Sorgen vor den Konsequenzen des Klimawandels berechtigt sind

„*D*ie radikalen Ökologen tun so, als wäre wissenschaftlich erwiesen, dass die Erdatmosphäre sich erwärmt und dass die Menschheit dafür verantwortlich ist. Mit der Wahrheit hat das jedoch nichts zu tun."[1]– Dieses Zitat stammt von „Frontiers of Freedom", einem konservativen US-Think Tank, der sich unter anderem der Aufdeckung der „Klimalüge" verschrieben hat. Die Vereinigten Staaten gelten als Hochburg der sogenannten „Klimaskeptiker", deren Thesen von einem Netzwerk aus politisch aktiven und einflussreichen Organisationen verbreitet werden. Das Lager der „Klimaskeptiker" lässt sich – vereinfacht – in zwei Fraktionen unterteilen: Die sogenannten „Klimaleugner" bestreiten den kausalen Zusammenhang zwischen CO_2-Emissionen und globaler Erwärmung. Andere räumen die Kausalität zwischen dem Treibhauseffekt und dem CO_2-Ausstoß ein; sie verneinen jedoch, dass er durch menschliches Handeln verursacht wird und führen ihn auf natürliche Einflüsse zurück, etwa die Aktivitäten der Sonne. Dieser Logik folgend, lehnen „Klimaskeptiker" Maßnahmen gegen den Klimawandel ab – wozu etwas bekämpfen, was es eigentlich nicht gibt.

Die Positionen der „Klimaskeptiker" erweisen sich allerdings als wissenschaftlich nicht haltbar. Der Zahlendreher im Weltklimabericht, der vor dem Abschmelzen der Himalaya-Gletscher im Jahr 2035 (statt 2350) warnte, war zwar Wasser auf die Argumentations-Mühlen derjenigen, die den Intergovernmental Panel on Climate Change (IPCC, Weltklimarat) als Kartell einer Klimaverschwörung diffamieren. Diese Falschaussage war sicherlich eine Verletzung der Sorgfaltspflicht bei wissenschaftlichen Publikationen, aber sie stellt nicht die Substanz des Gesamtberichts infrage, wie der renommierte Klimaforscher Guy Brasseur betont: „Ich halte die wesentlichen Schlussfolgerungen des IPCC weiterhin für solide. […] Die Fehler […] betreffen Teilaspekte aus Tausenden Seiten an ergänzendem Material, das leider nicht sorgfältig begutachtet wurde."[2] In der Wissenschaft herrscht weitgehender Konsens über die Aussage des vierten Sachstandsberichts des Weltklimarats:³ Die globale Erwärmung in der zweiten Hälfte des 20. Jahrhunderts ist „sehr wahrscheinlich" auf den anthropogenen Treibhauseffekt zurückzuführen.⁴

Diese Auffassung wird auch in der internationalen Politik nicht mehr angezweifelt. Keiner der Delegierten auf dem Klimagipfel von Kopenhagen hat das Problem der globalen Erwärmung negiert. Die Notwendigkeit, Maßnahmen gegen den Klimawandel zu ergreifen, haben alle Teilnehmer-Staaten anerkannt. In die „Kopenhagen-Vereinbarung" wurde die Obergrenze von zwei Grad für die globale Erwärmung aufgenommen. Auch dies ein Ausdruck von Einigkeit, selbst wenn es nicht gelungen ist, verbindliche Regelungen festzulegen, wie man innerhalb dieses Limits bleiben kann.

Der weitgehende Konsens über die Einschätzung des Klimawandels basiert auf Fakten und Sachargumenten: Zwischen 1850 und 2009 wurden circa 1.280 Milliarden Tonnen Kohlendioxid in die Atmosphäre emittiert, mehr als die Hälfte davon seit Mitte der 1970er Jahre.⁵ 2008 erreichte die CO_2-Konzentration in der Atmosphäre im Jahresdurchschnitt mit 384 ppm den höchsten Wert seit zwei Millionen Jahren.⁶ Seit Beginn des Industriezeitalters hat sich die globale Mitteltemperatur um 0,8 Grad erhöht; bis 2030 ist mit einem weiteren Anstieg um 0,5 Grad zu rechnen. Das Ausmaß der globalen Erwärmung in der zweiten Hälfte dieses Jahrhunderts wird davon abhängen, ob die Menschheit willens und in der Lage ist, die Emissionen von Treibhausgasen drastisch zu reduzieren.

Wenn es der internationalen Klimapolitik gelingt, die Treibhausgaskonzentration unterhalb der Marke von 450 ppm CO_2e zu halten, gibt es gute Chancen, den Anstieg der globalen Mitteltemperatur auf circa zwei Grad gegenüber dem vorindustriellen Niveau zu begrenzen. Um diese Zwei-Grad-Leitplanke nicht zu verfehlen, darf der CO_2-Ausstoß bis 2050 maximal bei 750 Milliarden Tonnen liegen. Dieses Globalbudget bedeutet, dass die Treibhausgasemissionen bis 2050 weltweit um 50 bis 80 Prozent bezogen auf das Jahr 1990 verringert werden müssen.[7]

Es steht viel auf dem Spiel: Ein „Weiter so"-Szenario, in dem die Treibhausgasemissionen im selben Tempo zunehmen wie bisher, riskiert den Kollaps des Ökosystems Erde: Der Weltklimarat rechnet bis Ende des 21. Jahrhunderts mit einem Anstieg der globalen Mitteltemperatur zwischen 2 bis 7 Grad gegenüber dem vorindustriellen Zeitalter. Wenn die Menschheit das Risiko einer globalen Erwärmung jenseits der Zwei-Grad-Leitplanke billigend in Kauf nehmen sollte, läuft sie Gefahr, die eigenen Lebensgrundlagen zu vernichten.

Selbst wenn der Ausstoß von Treibhausgasemissionen schlagartig auf null reduziert werden könnte, ließe sich ein Temperaturanstieg in den nächsten Jahrzehnten nicht mehr verhindern, denn Kohlendioxid ist langlebig und hält sich bis zu 200 Jahren in der Atmosphäre. Die Klimasünden der Vergangenheit sind nicht ungeschehen zu machen. Aber die Zukunft lässt sich (noch) beeinflussen. Strategien gegen den Klimawandel müssen deshalb auf zwei Säulen basieren:

- Anpassung an die Folgen und
- Verringerung des weiteren Temperaturanstiegs durch Reduktion der Treibhausgasemissionen.

Zu den Folgen des Klimawandels, die mit hoher beziehungsweise sehr hoher Wahrscheinlichkeit eintreten werden, gehört die Zunahme von extremen Wetterereignissen wie Dürren, Starkregen, Überschwemmungen sowie der Anstieg des Meeresspiegels, der vor allem durch das Abschmelzen der Polkappen und die Erwärmung der Ozeane bedingt wird.[8] Falls sich die globale Mitteltemperatur „nur" um drei Grad erhöht, wird der Meeresspiegel voraussichtlich um einen Meter ansteigen.[9] Das bedeutet eine existenzielle Bedrohung für tief liegende Küstengebiete und Inseln. Etwa die Hälfte der Weltbevölkerung lebt in einem 50 Kilometer breiten Küstenstreifen.

Der Klimawandel hat erheblichen Einfluss auf die globalen Wasserressourcen. Die globale Erwärmung verändert das Niederschlagsmuster, das Oberflächenwasser, den Feuchtigkeitsgehalt der Böden und den Grundwasserspiegel. Nach einer Prognose des Weltklimarats werden allein in Afrika bis zum Jahr 2020 bis zu 250 Millionen Menschen unter Wasserknappheit zu leiden haben, die sich auf Auswirkungen des Klimawandels zurückführen lässt. Für etwa eine Milliarde Menschen, so die Einschätzung des IPCC, könnte das Frischwasser knapp werden, wenn die Himalaya-Gletscher allmählich schmelzen. Das tibetische Hochland ist das Quellgebiet der asiatischen Ströme Brahmaputra, Mekong, Irrawaddy, Salween, Yangzi und Huanghe. Wenn diese Lebensadern Asiens zu Rinnsalen werden, sind die Auswirkungen für die Landwirtschaft und die Industrie in den betroffenen Regionen fatal.[10]

Schwindende Ressourcen für eine wachsende Weltbevölkerung

Jedes Jahr wächst die Weltbevölkerung um etwa 78 Millionen Menschen. Nach der Prognose der Vereinten Nationen werden im Jahr 2050 etwa 9,1 Milliarden Menschen auf der Erde leben. Dabei klafft die sogenannte demografische Schere: In den reicheren Ländern gehen die Geburtenraten zurück, die Bevölkerungszahlen schrumpfen. 2050 werden schätzungsweise 75 Millionen Menschen weniger in Europa leben als im Jahr 2005. Dagegen werden die Bevölkerungszahlen in Afrika – vor allem in der Sub-Sahara-Region – und in Asien rapide steigen. Für den „schwarzen Kontinent" wird bis 2050 ein Bevölkerungswachstum von über einer Milliarde

Menschen prognostiziert; in Asien werden dann etwa 1,3 Milliarden mehr Menschen leben als heute.[11]

Neben dem Wachstum der Weltbevölkerung ist die zunehmende Urbanisierung ein wichtiger demografischer Trend: Im Jahr 2005 lebte die Hälfte der Weltbevölkerung in Städten, bis 2030 werden es fast zwei Drittel sein, also fast fünf Milliarden Menschen. Besonders in Afrika und Asien werden die großen Agglomerationen in den nächsten Jahrzehnten rapide wachsen. Die Zahl der Stadtbewohner auf diesen Kontinenten wird sich zwischen 2000 und 2030 voraussichtlich verdoppeln.[12] Bevölkerungswachstum, Urbanisierung und die zunehmende Industrialisierung der Schwellenländer treiben den Energiebedarf und die Nachfrage nach Rohstoffen im globalen Maßstab nach oben.

Der rasante Anstieg des Energiebedarfs

Zwischen 1998 und 2008 ist der weltweite Primärenergieverbrauch von 8.885,5 Megatonnen Öleinheiten auf 11.294,9 Megatonnen Öleinheiten gestiegen, das entspricht einer Zunahme von 27 Prozent.[13] Und der globale Energiebedarf wächst weiterhin rasant. In ihrem Referenzszenario für den Zeitraum 2007 bis 2030 hat die Internationale Energieagentur (IEA) beschrieben, wie sich die internationalen Energiemärkte bei unveränderten Rahmenbedingungen entwickeln: Der globale Primärenergieverbrauch wird zwischen 2007 und 2030 um 40 Prozent bis auf 16.800 Millionen Tonnen Rohöleinheiten steigen, vor allem wegen des wachsenden Energiehungers der asiatischen Schwellenländer.[14] Der weltweite Stromverbrauch wird bis 2030 mit einer durchschnittlichen jährlichen Wachstumsrate von 2,5 Prozent zunehmen. Mit rund 44 Prozent stellt die Kohle, der Energieträger mit den höchsten CO_2-Emissionen, im Jahr 2030 den Löwenanteil am weltweiten Energiemix für die Stromerzeugung.[15]

Für das Ökosystem Erde ist dieses Referenzszenario bedrohlich, denn Kohle, Erdöl und Erdgas spielen nach wie vor unangefochten die Hauptrolle bei der Befriedigung des globalen Energiebedarfs. Diese fossilen Energieträger würden etwa 77 Prozent der zusätzlichen Nachfrage bis 2030 decken und große Mengen an CO_2 freisetzen. Im IEA-Referenzszenario würde die Treibhausgaskonzentration auf 1.000 ppm CO_2e ansteigen – und damit die globale Durchschnittstemperatur um sechs Grad erhöhen.[16] Um die Erwärmung auf zwei Grad zu begrenzen, sollte eine Konzentration von 450 ppm CO2e nicht überschritten werden. Zu diesem Ziel führen vor allem zwei Wege:

- eine verbesserte Energieeffizienz sowie
- der Umstieg auf CO_2-arme bzw. CO_2-freie Energiequellen.

Diese beiden Strategien helfen nicht nur dem Klimaschutz, sondern bremsen mittel- und langfristig den rasanten Anstieg der Energiepreise. Denn wenn ein knapper werdendes Angebot auf steigende Nachfrage trifft, braucht man kein Wirtschaftsstudium, um die Folgen vorherzusehen. 2008 waren die Durchschnittspreise für Kohle, Erdöl und Erdgas viermal so hoch wie 2002. Die Finanz- und Wirtschaftskrise 2009 ließ die Energiepreise zwar einbrechen, doch inzwischen bewegen sich die Preise für fossile Brennstoffe wieder stetig nach oben. Im April 2010 kostete ein Barrel US-Leichtöl 87

US-Dollar.[17] Und für das Jahr 2020 prophezeit die Internationale Energieagentur einen Preis von 110 US-Dollar.[18] Ein weiteres, schwer wiegendes Argument, den Einstieg in das postfossile Industriezeitalter zu beschleunigen und die Anstrengungen im Bereich Energieeffizienz zu forcieren.

Rohstoffpreise im Höhenflug

So mancher Unternehmer wird in puncto Materialkosten wehmütig an die 1990er Jahre zurückdenken, als die Preise auf den Rohstoffmärkten auf einem historischen Tiefstand waren. Diese Situation hat sich um die Jahrtausendwende drastisch geändert: Die steigende Nachfrage, vor allem durch das Turbowachstum der Industrie in Schwellenländern getrieben, katapultierte die Rohstoffpreise nach oben, bis sie 2008 ihren vorläufigen Höhepunkt erreichten. Zwar knickten die Preise während der Finanz- und Wirtschaftskrise 2009 ein, aber der im ersten Quartal 2009 erreichte Tiefpunkt liegt immer noch doppelt so hoch wie das Preisniveau in den 1990er Jahren.[19]

Die Delle in der Preiskurve war ein vorübergehendes Krisensymptom, kein Grund zur Entspannung. Kaum hatte die Konjunktur wieder Tritt gefasst, zogen die Rohstoffpreise wieder an. Zwar sind die Lagerstätten für bergbauliche Rohstoffe nach Expertenmeinung auch mittelfristig nicht erschöpft, allerdings wird ihr Aufbau aufwendiger – und damit kostspieliger. In Kombination mit der global steigenden Nachfrage nach Rohstoffen schraubt sich die Preisspirale also weiter aufwärts.

Klimaschutz: Nichtstun wird teuer

Diese Skizzen zeigen deutlich die Gefahren, die ein Business-as-usual-Szenario für das Ökosystem Erde bedeutet. Alles zu tun, um dieses Risiko abzuwenden, ist *die* Herausforderung des 21. Jahrhunderts. Es sprechen nicht nur ethische Argumente dafür, die natürlichen Lebensgrundlagen der Menschheit zu bewahren; auch die ökonomische Vernunft gebietet verstärkte Anstrengungen für den Klimaschutz: Der 2006 veröffentlichte Stern-Report lässt keinen Zweifel, dass die

Kosten des Nicht-Handelns wesentlich höher ausfallen als die Finanzierung von Gegenmaßnahmen. Nicholas Stern, ehemaliger Chefökonom der Weltbank und Berater der britischen Regierung, und sein Team kommen zu dem Schluss, dass ein Prozent des jährlichen Bruttosozialproduktes aufgewendet werden muss, um die globale Erwärmung unterhalb der Zwei-Grad-Grenze zu halten. Bei anhaltender Tatenlosigkeit droht dagegen ein Einbruch der globalen Wirtschaftsleistung um bis zu 20 Prozent bis zum Jahre 2050.[20]

Nach Berechnungen des Deutschen Instituts für Wirtschaftsforschung (DIW) beliefen sich die Kosten eines ungebremsten Klimawandels in Deutschland (Schadens- und Anpassungskosten, erhöhte Energiepreise) bis 2050 auf 800 Milliarden Euro. Bei der Durchsetzung globaler Klimaschutzmaßnahmen würde sich diese Summe deutlich auf 500 Milliarden Euro verringern.[21]

Kapitel 2

Stakeholder

„Unternehmen, die zentrale Herausforderungen des Klimaschutzes und des nachhaltigen Umgangs mit Energie und Rohstoffen meistern wollen, werden marktwirtschaftlich die Nase vorn haben."

Prof. Dr. Claudia Kempfert
Leiterin der Abteilung Energie, Verkehr, Umwelt
am Deutschen Institut für Wirtschaftsforschung

Klimawandel und Ressourcenknappheit haben erhebliche Auswirkungen auf Wirtschaft und Gesellschaft. Diese Megatrends definieren die Rahmenbedingungen für Unternehmen neu, weil sie die Erwartungen der Stakeholder massiv beeinflussen – was den Handlungsdruck auf das Management verstärkt, ihre Geschäftsstrategie an den veränderten Ansprüchen auszurichten.

Für R. Edward Freeman, den „geistigen Vater" des Stakeholder-Ansatzes, sind Stakeholder „any identifiable group or individual, on which the organization is dependent for its continued survival."[1] Unternehmen agieren in einem Beziehungsgeflecht unterschiedlicher Anspruchsgruppen, deren Anforderungen das Management so gut wie möglich ausbalancieren muss.

Die weite Definition des Begriffs zeigt, dass die Stakeholder eine ziemlich heterogen zusammengesetzte Gruppe bilden: Zu ihr gehören – neben den Anteilseignern bzw. Eigentümern – Mitarbeiter, Kunden, Lieferanten, Wettbewerber, Investoren, Staat und Öffentlichkeit. Dieses Kapitel konzentriert sich auf drei dieser Anspruchsgruppen: Kunden, Investoren und Staat.

Ethischer Konsum rückt aus der Nische in den Mainstream

Für Milton Friedman waren die Aufgaben eines Unternehmens eindeutig: „The Social Responsibility of Business is to Increase its Profits" – so der Titel eines Essays, das der US-Ökonom 1970 veröffentlicht hat. Der

2006 verstorbene Träger des Wirtschaftsnobelpreises wäre erstaunt, dass die Prinzipien der Corporate Social Responsibility und der nachhaltigen Unternehmensführung inzwischen Einzug ins strategische Management gehalten haben.

Die Erwartungen an Unternehmen haben sich verändert: Die Öffentlichkeit verlangt von Unternehmen zunehmend, gesellschaftliche Verantwortung zu übernehmen. Für Kunden wird das nachhaltige Handeln eine wichtige Messlatte, anhand derer sie ein Unternehmen – und seine Produkte – bewerten. Gerade der Umgang mit dem Thema Ökologie, respektive Klimaschutz, spielt dabei eine Schlüsselrolle. Dies ist zwar keine völlig neue Erscheinung, denn die Anfänge der Umweltdiskussion und der Ökologie-Bewegung liegen bereits in den 1970er Jahren. Die neue Qualität dieses Phänomens besteht darin, dass die Forderung nach ökologisch und sozial verantwortlichem Handeln der Unternehmen im Mainstream angekommen ist.

Der Klischeekunde in der Ökonische der siebziger und achtziger Jahre hatte den Jutebeutel in der Hand, die Birkenstock-Sandalen an den Füßen und den Grobstrick-Schafwollpulli am Leib. Für den Einzelhandel waren diese Verbraucher eine quasi zu vernachlässigende Randgruppe. Ganz anders die Situation heute: Der Trend, dass Konsumenten ökologischen und sozialen Kriterien maßgebliche Bedeutung für ihre Kaufentscheidung beimessen (Stichwort „ethischer Konsum") ist inzwischen ein zentrales Thema für den Einzelhandel. Die Otto Group ließ 2009 in der Neuauflage ihrer „OTTO Trendstudie 2007 Konsum-Ethik" untersuchen, wie sich der ethische Konsum seit 2007 entwickelt hat. Ergebnis: Die Wirtschafts- und Finanzkrise konnte diesem Trend nichts anhaben, ganz im Gegenteil: „Bio-, Fair- und Regio-Produkte haben trotz stagnierender Löhne geboomt."[2]

Die im Oktober 2009 veröffentlichte Studie des Bundesverbandes Deutscher Ernährungsindustrie „Corporate Responsibility in der Ernährungsindustrie" kam ebenfalls zu einem eindeutigen Ergebnis: „Die deutschen Verbraucher machen ihre Kaufentscheidungen immer stärker davon abhängig, unter welchen Bedingungen ihre Lebensmittel produziert werden und für welche Werte die Hersteller stehen."[3]

**Ansprüche der Verbraucher
an Nachhaltigkeit steigen**

Diese Einstellung der Verbraucher ist keine kurzlebige Modeerscheinung, sondern wird das Konsumverhalten in den nächsten Jahren maßgeblich beeinflussen. Handel und Hersteller im Business-to-Consumer-Bereich müssen ihre Geschäftsmodelle und ihre Sortimentspolitik an den gestiegenen Nachhaltigkeitsansprüchen ihrer Kunden ausrichten.

Diese Botschaft ist bereits bei vielen Unternehmen angekommen: Im April 2010 hat die Deutsche Telekom AG eine strategische Kooperation mit Utopia geschlossen, der mit 65.000 Mitgliedern größten Online-Plattform für nachhaltigen Konsum in Deutschland.

Bei der Unterzeichnung des sogenannten „Changemaker-Manifest" erklärte Telekom-Vorstandsvorsitzender René Obermann: „Nachhaltige Unternehmensführung ist bei uns tief in die Unternehmenskultur eingebettet und nicht irgendeine Modeerscheinung. Dazu gehört auch, das Thema aus der moralinsauren Ecke zu holen. Die Partnerschaft mit Utopia hilft uns dabei. So ist es für mich kein Widerspruch, nachhaltig zu handeln und damit auch Geld zu verdienen. Im Gegenteil: Wir müssen die ökonomische Kraft, die in dieser Entwicklung steckt, als Chance nutzen."[4]

Auch die REWE Group, einer der führenden Handels- und Touristikkonzerne Europas, setzt auf Nachhaltigkeit. Deren Strategie wurde entlang der vier Säulen „Grüne Produkte", „Energie, Klima und Umwelt", „Mitarbeiter" und „Gesellschaftliches Engagement" definiert. Das Management will damit die Weichen für den zukünftigen Kurs stellen: „Wir stehen am Anfang eines Wettbewerbs um Qualität und Nachhaltigkeit. Auf Dauer werden wir nur Erfolg haben, wenn wir neben dem besten Preis unseren Kunden auch soziale, ökologische und nachhaltige Spitzenleistungen bieten."[5] Als „Vorreiter in der Branche" wurde die REWE Group 2009 mit dem Deutschen Nachhaltigkeitspreis ausgezeichnet.

Es ist absehbar, dass das Thema Klimaschutz spätestens mittelfristig stärker auf dem Konsumenten-Radar aufblinkt als heute: Der CO_2-Footprint könnte darüber entscheiden, ob ein Produkt im Einkaufswagen landet oder zum Ladenhüter wird. In Deutschland ist die Sinnhaftigkeit eines CO_2-Labels derzeit zwar umstritten, unter anderem wegen unterschiedlicher Standards zur Erfassung des Product Carbon Footprints (PCF). Aber in einigen europäischen Staaten werden bereits PCF-Kennzeichnungen getestet.

In den Restaurants der schwedischen Fast-Food-Kette Max beispielsweise sehen die Gäste auf der Speisekarte, wie viel Treibhausgasemissionen die verschiedenen Burger freisetzen. Angegeben wird dabei der Ausstoß in CO_2-Äquivalenten über den ganzen Lebenszyklus.

Tesco PLC, die größte britische Supermarktkette, hat im April 2008 mit der Einführung der CO_2-Label begonnen. 2009 standen bereits über 100 Produkte mit PCF-Etikett in den Regalen, darunter Orangensaft, Glühbirnen, Waschmittel und Kartoffeln. Bis Ende 2010, so die Pläne des Tesco-Managements, wird sich die Zahl der Produkte mit CO_2-Kennzeichnung auf 500 erhöhen.

Die Erfassung des CO_2 - Fußabdrucks ist wichtiger Bestandteil der Tesco-Strategie, sich als „Low-Carbon-Unternehmen" zu profilieren: „Tesco has to help customers change from mass consumption to green consumption. On climate change, we've got to learn, how to run this business on 80% less carbon."[6]

Dieselben Ziele verfolgt die REWE Group mit dem „PRO PLANET-Label". Diese Kennzeichnung bleibt Eigenmarkenprodukten vorbehalten, die besonders positive ökologische und soziale Eigenschaften aufweisen. Ehe diese Nachhaltigkeitsleistung attestiert wird, müssen die Produkte einen fünfstufigen, standardisierten Prozess durchlaufen, den die REWE Group mit externen Partnern – darunter das Wuppertal Institut für Klima, Umwelt, Energie – entwickelt hat. Der Vergabeprozess wurde vom TÜV Rheinland validiert.[7]

Auch Wal-Mart rüstet sich für den Einstieg in das Zeitalter der CO_2-armen und energieeffizienten Ökonomie und hat angekündigt, „to create a new retail standard for the 21st century".[8] Der größte Einzelhändler der Welt will seine Produkte mit einer Art Nachhaltigkeitsausweis versehen; daraus soll der Kunde auf einen Blick die Ökobilanz des Artikels erfassen können. Bei der Erstellung dieses Index, der bis 2015 entwickelt sein soll, arbeitet Wal-Mart mit NGOs und Elite-Universitäten wie Harvard, Stanford und Berkeley zusammen.

Business-to-Business-Segment: Pluspunkte für nachhaltige Lieferanten

Für die Erstellung des Index hat Wal-Mart weltweit über 100.000 Fragebögen verschickt, in denen seine Lieferanten Angaben zu den vier Themenkomplexen Energie und Klima, Materialeffizienz, Umgang mit natürlichen Ressourcen sowie soziale Verantwortung machen sollen. Diese Erhebung sei ein „key step to enhance transparency in our supply chain", ließ das Wal-Mart-Management wissen. Dieses Beispiel zeigt: Grüne Trends haben auch im Business-to-Business-Bereich erhebliche Auswirkungen. Wenn ein Gigant wie Wal-Mart seinen Lieferanten signalisiert, dass Nachhaltigkeitskriterien eine maßgebliche Rolle für kontinuierliche Geschäftsbeziehungen spielen, hat dies mehr Durchschlagskraft als ein bloßer Appell an das Umweltbewusstsein.

Dieser Mechanismus ist auch in anderen Branchen zu beobachten: Wenn Abnehmer mit dem nachhaltigen Umbau ihrer Geschäftsmodelle beginnen und dabei den kompletten Lebenszyklus ihrer Produkte einbeziehen, geraten

Zulieferer in Zugzwang. Die Kehrseite dieser Medaille: Anbieter von energieeffizienten und umweltschonenden Investitionsgütern profitieren von diesem Trend.

Die KSB Aktiengesellschaft mit Stammsitz in Frankenthal (Rheinland-Pfalz) ist mit 14.000 Mitarbeitern an über 30 Produktionsstandorten in 19 Ländern einer der weltweit führenden Hersteller von Pumpen und Armaturen und Anbieter von hydraulischen Systemen zum Transport von Wasser und Abwasser. Pumpen und Armaturen sind wichtige Hebel für mehr Energieeffizienz. Zum Beispiel benötigen Pumpen in Kraftwerken bis zu fünf Prozent des dort erzeugten Stroms. Je höher der Wirkungsgrad einer Pumpe, desto größer der Mehrwert für den Kunden. Zur Produktpalette des KSB-Konzerns gehören auch „intelligente" Pumpen, die sich bei verringertem Flüssigkeitsbedarf langsamer drehen. Diese stufenlos steuerbare Drehzahlregelung senkt den Energieverbrauch erheblich.

Allerdings hat diese State-of-the-Art-Technologie ihren Preis, der zu Zeiten relativ niedriger Energiepreise manche Kunden abgeschreckt hat. Inzwischen stellen Dr. Sönke Brodersen, Leiter der Forschung beim KSB

Konzern, und Rainer Michalik, bei KSB für Integrierte Managementsysteme und Nachhaltigkeitsmanagement verantwortlich, einen Gesinnungswandel fest: Kunden seien nun eher bereit, „Geld zu sparen, indem sie zunächst mehr ausgeben". Anders ausgedrückt: Die Kunden betrachten bei Investitionen zunehmend den gesamten Lebenszyklus, nicht nur die Anschaffungskosten. Außerdem sei eine zunehmende Sensibilisierung für den Klimaschutz zu registrieren: Früher zogen die CO_2-mindernden Effekte als Vertriebsargument nur über den Umweg sinkender Energiekosten. Heute hat sich die CO_2-Reduktion bei vielen Kunden als eigenständiges Kaufkriterium etabliert.

Die ebm-papst Unternehmensgruppe macht ebenfalls die Erfahrung, dass sich die Erwartungen ihrer Kunden verändert haben: Bereits vor vielen Jahren begann der Hersteller von Ventilatoren und Motoren mit der Entwicklung von energieeffizienten EC-Ventilatoren, die bis zu 50 Prozent weniger Strom verbrauchen. „Zu Beginn war es jedoch nicht einfach, unsere Kunden von den preislich höher liegenden Ventilatoren zu überzeugen", erinnert sich Hans-Jochen Beilke, der Vorsitzende der Geschäftsführung der ebm-papst Gruppe, „denn die Energiekosten waren weniger hoch als heute und der Energiespargedanke noch nicht ausgereift."

Inzwischen sei die Nachfrage nach energieeffizienten Produkten deutlich gestiegen – und ebm-papst profitiert von seiner Rolle als „Pionier und Marktbereiter", so Hans-Jochen Beilke: „Bei unseren Kunden, auch aus den USA und China, nimmt die Bereitschaft kontinuierlich zu, unsere sparsamen EC-Ventilatoren einzusetzen. Der Umsatzanteil an umweltweltfreundlichen EC-Ventilatoren liegt in der Gruppe bereits bei 55 Prozent."

Nachhaltiges Umdenken auf den Finanzmärkten

Vor einem Jahrzehnt waren Öko-Investments auf dem Finanzmarkt ein Nischenthema, heute stehen sie im Zentrum der Aufmerksamkeit. 1999 gab es in Europa 159 nachhaltige Publikumsfonds mit einem Gesamtvolumen von rund 11 Milliarden Euro. Zum Jahresende 2009 brachten es 683 Fonds auf ein Gesamtvermögen von 53,3 Milliarden Euro. Noch steiler stieg die Beliebtheitskurve nachhaltiger Finanzprodukte in Deutschland, Österreich und der Schweiz, wo 1999 nur 17 nachhaltige Publikumsfonds mit einem Gesamtvolumen von 650 Millionen Euro gelistet waren. Zehn Jahre später waren 306 Fonds mit einem Gesamtvermögen von 29 Milliarden Euro registriert.[9]

Zwei Drittel der in den 300 großen deutschen Aktiengesellschaften tätigen Investor-Relations-Manager befassen sich mit Sozialstandards und Klimaschutz – so das Ergebnis einer Umfrage der Deutschen Vereinigung für Finanzanalyse und Asset Management (DVFA). „Je größer das Unternehmen, umso wahrscheinlicher ist die Beschäftigung mit diesen Themen", so die Einschätzung der DVFA.[10]

Dies ist nur eines von vielen Zeichen, die ein Umdenken auf den Kapitalmärkten signalisieren: Einst in der „Nice-to-have-Kategorie" verortet, entwickeln sich Nachhaltigkeitsaspekte allmählich zu einem kritischen Faktor bei der Auswahl und Bewertung von Kapitalanlagen.

Aber nicht aus purem Altruismus, sondern aus pragmatischen Motiven: Im Zeitalter begrenzter Ressourcen und hoher Energiepreise wirkt sich eine nachhaltige Unternehmensstrategie auf die Rendite positiv aus. Für die mittel- und langfristige Positionierung ist es entscheidend, wie ein Unternehmen mit seinem CO_2-Risiko umgeht. „Für Schlüsselindustrien, wie die Energieerzeugung, den Automobilbau, das Transportwesen, die Versicherungen, aber auch die Landwirtschaft wird der Klimawandel genauso wichtig wie Wechselkurs- oder Zinsrisiken", prognostizierte eine bereits 2007 veröffentlichte Studie des HWWI und der Berenberg Bank.[11]

Immer häufiger stellen Anleger die Gretchenfrage „Wie hältst Du es mit der Nachhaltigkeit und dem Klimaschutz" – und geben sich dann nicht mit schwammigen Antworten zufrieden, sondern bestehen auf Zahlen und Fakten. So hat der Druck auf die Unternehmen, sich in puncto Nachhaltigkeit genau in die Karten schauen zu lassen, in den letzten zehn Jahren enorm zugenommen, was sich unter anderem an der Entwicklung des Carbon Disclosure Projects zeigt.

Das im Jahr 2000 gegründete Carbon Disclosure Project (CDP) repräsentiert weltweit mehr als 534 Investoren – darunter führende Geldhäuser, Versicherungen und Investmentfonds – mit einem Gesamtanlagevermögen von 64 Billionen US-Dollar.[12] Die Non-Profit-Organisation will transparent machen, wie Unternehmen mit der Herausforderung Klimawandel umgehen. Dazu gehört auch ein detailliertes Reporting der CO_2-Emissionen.

Die ersten Fragebögen an international tätige Großunternehmen wurden 2003 versendet. Verlangt wurden darin Angaben zu den „physischen und regulatorischen Risiken des Klimawandels sowie mögliche Wettbewerbsnachteile". Auf Basis der CDP-Daten entstand der „Climate Leadership Index". 2009 haben mehr als 2.500 Unternehmen aus rund 60 Ländern über CDP ihre CO_2-Emissionen offengelegt. In Deutschland erhalten die 200 nach Marktkapitalisierung größten börsennotierten Unternehmen den Fragebogen. 2006 lag die Resonanz bei circa 30 Prozent; 2009 haben 102 Unternehmen den Fragebogen ausgefüllt zurückgeschickt, darunter 29 der 30 DAX-Unternehmen.[13]

Erklärtes Ziel des Carbon Disclosure Project ist es, die Akteure der Weltwirtschaft für die Risiken des Klimawandels und die notwendige Reduzierung der Treibhausgasemissionen zu sensibilisieren. Mit Erfolg, wie der CDP-Bericht Deutschland 2009 feststellt: „Das Bewusstsein der Unternehmen für die mit dem Klimawandel verbundenen wirtschaftlichen Herausforderungen, Chancen und Risiken ist gewachsen. Klimawandel ist auch in Finanzmärkten angekommen."[14]

Für diese These sprechen weitere Argumente, beispielsweise die Gründung von Rating-Agenturen und einige Indizes, die sich auf die Bewertung von Nachhaltigkeitsaspekten spezialisiert haben. Die bekannteste Indexfamilie, die in ihrem Portfolio nachhaltige Unternehmensführung abbildet, ist die „Dow Jones Sustainability Indexes" (DJSI).

Die Zugehörigkeit zur DJSI-Familie betrachten viele Unternehmen als Auszeichnung und Gütesiegel. Teilweise wird die Aufnahme bzw. der Verbleib in dieser exklusiven Liste ausdrücklich in den Unternehmenszielen verankert – und mit Boni für das Management belohnt. Dies wiederum – Konkurrenz belebt das Geschäft – ist ein ständiger Ansporn für Unternehmen, ihre Anstrengungen in puncto Nachhaltigkeit zu verstärken: Wer im

Index bleiben will, muss seinen Spitzenplatz verteidigen, indem er die Wettbewerber auf Abstand hält – so die knallharte Auslese des Best-in-Class-Prinzips.

Der Ansatz des DJSI ist allerdings umstritten. Zyniker nennen ihn das Prinzip des geringsten Übels: Keine Branche wird von vornherein ausgeschlossen, zum Leidwesen von Öko-Puristen, die Autohersteller, Chemie- oder Energiekonzerne in einem Nachhaltigkeitsindex für deplatziert halten. Andere Indizes legen strengere Maßstäbe an, zum Beispiel der Natur-Aktien-Index (NAI). Er gilt neben dem US-Index Domini 400 als einer der unerbittlichsten Nachhaltigkeitsindizes.

Die Wirtschaftskrise war offensichtlich für viele Kunden ein Anlass, die Mechanismen und Regeln der Finanzwelt zu hinterfragen und ihr Geld bei garantiert nachhaltigen Geldinstituten anzulegen. Dies hat den Umweltbanken in Deutschland kräftige Zuwachsraten beschert: Die GLS Bank steigerte ihre Bilanzsumme 2009 um 33 Prozent auf 1,35 Milliarden Euro und hat 11.000 neue Kunden gewonnen. Die 1974 in Bochum gegründete Bank erhielt übrigens von dem britischen Magazin „The New Economy" den Ehrentitel „Most

Sustainable Bank, Germany".[15] Die in Nürnberg ansässige Umweltbank boomt ebenfalls: Ihre Bilanzsumme wuchs im Geschäftsjahr 2009 um fast 30 Prozent auf 1,5 Milliarden Euro, die Kundenzahl erhöhte sich um 15 Prozent auf fast 80.000.[16] Natürlich nehmen sich diese Zahlen im Vergleich zu den Großbanken bescheiden aus. Aber der Nach-Krisen-Run auf die alternativen Geldinstitute ist wie ein Seismograph, der zum einen die Erschütterungen des Glaubens an die bisher geltenden Werte der Finanzmärkte anzeigt und zum anderen die wachsende Sehnsucht von Sparern und Investoren, ihr Geld nachhaltig anzulegen.

Die KfW Bankengruppe, die Förderbank des Bundes und der Länder, hat schon seit Jahrzehnten einen konsequenten Nachhaltigkeitskurs eingeschlagen, wie Vorstand Dr. Axel Nawrath betont: „Die KfW hat sehr früh damit begonnen, Vorhaben zu finanzieren, die die langfristigen ökonomischen und ökologischen Grundlagen unserer Gesellschaft sichern. Wir haben nachhaltige Entwicklungen gefördert, lange bevor man den Begriff ‚Nachhaltigkeit' kannte. Nehmen Sie nur die Kredite, die wir seit den 60er und 70er Jahren an Unternehmen und Kommunen für die Luftreinheit, die Abwasserbeseitigung und den Gewässerschutz vergeben. Auch die Förderung von Unternehmensgründungen und mittelständischen Unternehmen seit den 70er Jahren dient der nachhaltigen Wirtschaftsförderung. Im letzten Jahr war der Umwelt- und Klimaschutz nach der Mittelstandsförderung mit Finanzierungszusagen von rund 20 Milliarden Euro unser zweitgrößter Förderschwerpunkt."

Nachhaltigkeitsaspekte berücksichtigt die größte nationale Förderbank Europas auch bei ihren Wertpapierinvestments. Die KfW hat 2006 als eines der ersten deutschen Unternehmen die „Principles for Responsible Investments" der Vereinten Nationen unterzeichnet. Damit verpflichtet sich die KfW, Nachhaltigkeitskriterien mit in ihre Anlageentscheidungen einzubeziehen. Seit Anfang 2008 wird das Liquiditätsportfolio der KfW mit einem Volumen von rund 20 Milliarden Euro nachhaltig gemanagt. Das Portfolio ist zu 100 Prozent in Wertpapiere investiert und macht damit etwa 75 Prozent aller direkten Wertpapierinvestments der KfW aus. Dazu Axel Nawrath: „Wir haben eigens eine Nachhaltigkeitsdefinition entwickelt, um die Kriterien Umwelt, Soziales und Unternehmensführung bei Anlageentscheidungen berücksichtigen zu können. Anhand dieser Kriterien wird für alle Emittenten eine Nachhaltigkeitsbewertung erstellt. Über diese Bewertung wird die Höhe des maximalen Anlagerahmens für jeden Emittenten gesteuert, welcher vorab aufgrund von Bonitätskriterien festgelegt wurde."

Staatliche Regulierung als Ansporn für die Umweltindustrie

Zu den wichtigsten Stakeholdern für Unternehmen gehört der Staat mit seinen ordnungspolitischen Instrumentarien. Gerade in der Umweltpolitik spielt Regulierung eine Schlüsselrolle: Die Ressource Umwelt ist ein öffentliches, das heißt kostenfreies Gut. Es gibt also keinen sich selbst regulierenden Markt, was eine Intervention des Gesetzgebers erforderlich macht. Die Regulierung bedient sich dabei aus dem Instrumentenkasten des klassischen Ordnungsrechts und marktwirtschaftlicher Anreize. Als das Thema Umweltschutz in den 1970er Jahren auf die politische Agenda drängte, lag der Schwerpunkt der Umweltpolitik – und damit der Regulierung – auf der Schadensbegrenzung, vor allem durch End-of-Pipe-Technologien. Seit den 1990er Jahren hat sich der umweltpolitische Fokus von der Nachsorge auf die Vorsorge verschoben.

Regulierung gehört – nicht nur im Bereich Umweltschutz – zu den Reizwörtern der wirtschaftspolitischen Debatte und hat in der Regel einen schlechten Beigeschmack nach Bürokratie, Einmischung, Beschränkung und, last but not least, höheren Kosten und damit sinkender Wettbewerbsfähigkeit. Diese Assoziationen sind jedoch zu eindimensional: Regulierung in der Umweltpolitik birgt Risiken und Chancen – und diese werden von vielen Unternehmen auch differenziert wahrgenommen.

So schreibt die Siemens AG im Deutschlandbericht des Carbon Disclosure Projects: „Die neuen Regulierungen werden höhere Energiekosten und/oder CO_2-Preise und eventuell technische Minimalstandards für die Energieeffizienz von Produkten mit sich bringen. Wir gehen davon aus, dass diese Entwicklung unsere

Kunden dazu anregen wird, mehr als in der Vergangenheit auf Energieeffizienz und CO_2-arme Lösungen zu setzen. Da Siemens mit seinem Umweltportfolio an Energieeffizienz-Lösungen gut aufgestellt ist, sehen wir in potenziell strengeren Anforderungen eine Chance."[17]

Um die Risiken zu managen und die Chancen zu nutzen, müssen sich Unternehmen jedoch intensiv und frühzeitig mit den möglichen Auswirkungen von Regulierungen auf ihr Geschäftsmodell auseinander setzen – und zwar nicht resigniert, sondern gestaltend und innovativ. Diese Einstellung gibt ein Statement der Porsche AG wieder: „Porsche betrachtet die gesetzliche Regulierung zum Brennstoffverbrauch und zu Emissionswerten für CO_2 und andere Treibhausgase als Innovationstreiber und sieht Chancen darin, kompetitive Vorteile durch die Entwicklung neuer energiesparender Fahrkonzepte und Modelle zu erlangen."[18]

Unter dem Slogan „GreenTech ist vorausschauende Entwicklung" zeigt die ebm-papst Unternehmensgruppe, wie Regulierungsmaßnahmen als Rückenwind für die Positionierung im Wettbewerb genutzt werden können: Die Ökodesign-Richtlinie regelt die „umweltgerechte Gestaltung energiebetriebener Produkte". Diese sogenannte EuP-Direktive[19] verbannt „Stromfresser" vom europäischen Markt. Für zahlreiche Produktgruppen sind bereits entsprechende Verordnungen in Kraft getreten, etwa für Haushaltslampen, Straßen- und Bürobeleuchtung, externe Netzteile, Elektromotoren, Heizungspumpen, Fernsehgeräte, Kühl- und Gefriergeräte. Auch die Mindestanforderungen für den Stromverbrauch bei Ventilatoren sollen bis 2015 neu geregelt werden. ebm-papst wirbt damit, dass seine EC-Ventilatoren schon heute die geplanten EuP-Mindeststandards erfüllen. Wer seine Produkte heute schon energieeffizient und klimafreundlich gestaltet, hat einen klaren Vorsprung auf dem Markt, wenn schärfere Regularien beschlossen werden.

Die Erfolgsgeschichte der Umwelttechnologien in Deutschland zeigt, dass Regulierung auch kräftigen Rückenwind für die Entwicklung von Branchen und Unternehmen bedeuten kann, zum Beispiel auf dem Leitmarkt der erneuerbaren Energien: Mit einem Anteil von über 10 Prozent am gesamten deutschen Endenergieverbrauch und 16,1 Prozent an der Stromerzeugung sind die regenerativen Energien heute ein wichtiger Teil des Energiemix und ein bedeutender Wirtschaftsfaktor. Mehr als 300.000 Beschäftigte arbeiteten in dieser Branche, die sich 2009 als „Fels in der Brandung der Wirtschaftskrise behauptet hat" – so Bundesumweltminister Dr. Norbert Röttgen im O-Ton.[20] Der Wachstumskurs der Erneuerbaren wurde beschleunigt, weil frühzeitig politische Weichen gestellt wurden, etwa mit dem Stromeinspeisungsgesetz 1991.

Auch in anderen Leitmärkten der Umwelttechnologie haben politische Rahmenbedingungen wesentlich dazu beigetragen, dass deutsche Hersteller heute im internationalen Wettbewerb punkten. Im Leitmarkt Kreislaufwirtschaft halten deutsche Unternehmen einen Weltmarktanteil von circa 25 Prozent; in einzelnen Segmenten diese Leitmarktes sind Produkte „made in Germany" noch erfolgreicher vertreten. Bei Anlagen zur automatischen Stofftrennung beispielsweise erreicht der Weltmarktanteil sogar mehr als 60 Prozent.[21] Zu den Technologieführern gehören Unternehmen aus Deutschland unter anderem im Bereich dezentrales Wassermanagement oder bei Biogas.

Ein wichtiger Faktor für die erfolgreiche Entwicklung der deutschen GreenTech-Unternehmen waren die umweltpolitischen Rahmenbedingungen: Durch umfangreiche Umweltgesetze – zum Beispiel das Bundes-Immissionsschutzgesetz, Kreislaufwirtschafts- und Abfallgesetz, Wasserrecht – und ambitionierte Grenzwerte standen die Unternehmen in Deutschland früher als ihre Wettbewerber in anderen Ländern vor der Herausforderung, durch Investitionen und Innovationen Ökologie und Ökonomie zu vereinbaren.

Daraus resultiert nicht nur ein Vorsprung der größtenteils auf Hochtechnologie ausgerichteten Umwelttechnik-Branche, sondern ein großer Vorteil für innovative Unternehmen aller Wirtschaftszweige: Deutsche Anbieter sind in puncto Ressourcen- und Energieeffizienz im internationalen Vergleich hervorragend aufgestellt – und damit in einer exzellenten Wettbewerbsposition in einer Weltwirtschaft, die zunehmend von den Megatrends Klimawandel und Ressourcenknappheit geprägt werden wird.

Zunehmende Regulierung wird auch die Megatrends Klimawandel und Ressourcenknappheit die Regulierung maßgeblich begleiten, und zwar weltweit. Die

Emission von Treibhausgasen und der Verbrauch natürlicher Ressourcen sollen durch politische Weichenstellungen reduziert werden. Zu den wichtigsten Instrumenten, um CO_2-Emissionen mit marktwirtschaftlichen Mechanismen zu reduzieren, zählt der Emissionshandel. Die Vision lautet, einen globalen Emissionshandel zu etablieren. Allerdings ist derzeit nicht absehbar, wann sich dieser Plan verwirklichen lässt.

Das 2005 eingeführte Europäische Emissionsrechtehandelssystem (EU ETS) ist bislang weltweit das einzige grenzüberschreitende staatlich etablierte Handelssystem für Verschmutzungsrechte. Darin integriert sind die 27 EU-Länder sowie Liechtenstein, Norwegen und Island. Einbezogen in das EU ETS sind europaweit etwa 12.000 Anlagen aus emissionsintensiven Branchen wie der Energieerzeugung, Bau-Steine-Erden, Metallverarbeitung und Zellstoff-/Papierproduktion. Ab 2012 soll auch der Luftverkehr erfasst werden.

Der Emissionsrechtehandel ist in drei Phasen unterteilt: Phase I dauerte von 2005 bis 2007. Aktuell läuft Phase II (2008-2012), Phase III beginnt 2013 und endet 2020.[22]

Das EU ETS ist ein Cap-und-Trade-System („beschränken und handeln"). Die Festlegung von Emissionsobergrenzen und die Zuteilung von Emissionszertifikaten lässt Unternehmen zwei Alternativen: Wenn sie ihr Emissionslimit durch Investitionen in energieeffiziente und CO_2-mindernde Technologien unterschreiten, können sie ihre nicht benötigten Zertifikate verkaufen. Wenn sie ihr CO_2-Konto überziehen, müssen sie Zertifikate zukaufen.

Um die CO_2-Emissionen europaweit zu reduzieren, wird ein Gesamtbudget für die Emissionen aller teilnehmenden Länder aufgestellt. Jedem Staat wurde bzw. wird in den ersten beiden Handelsperioden ein Kontingent zugeteilt (sogenannter nationaler Allokationsplan).

In Phase III soll es keine nationalen Allokationspläne mehr geben; stattdessen fungiert die EU-Kommission als zentrale Instanz für die Vergabe der Zertifikate. Außerdem erhöht sich die Reichweite des EU ETS: Ab 2013 sollen grundsätzlich alle Unternehmen einbezogen werden, deren CO_2-Emissionen die Marke von 10.000 Tonnen pro Jahr überschreiten, das wären circa 95 Prozent der europäischen Industrie. Allerdings sind Ausnahmen für energieintensive und exportorientierte Unternehmen geplant.

Gratiszertifikate werden in Phase III zum Auslaufmodell: Der Anteil der zu versteigernden Zertifikate soll sukzessive steigen, die Zielvorgaben lauten auf 20 Prozent im Jahr 2013, 70 Prozent 2020 und 100 Prozent im Jahr 2025.

Ein weiteres Novum in Phase III: Bislang wurden die kostenlosen Zertifikate auf Basis der historischen Emissionen der Anlage zugeteilt („Grandfathering"). Ab 2014 gilt stattdessen das Prinzip der „best available technology (BAT)". Das heißt, die Messlatte für die Zuteilung der Zertifikate ist der Ausstoß einer modernen, energieeffizienten Anlage des jeweiligen Typs.

In der umweltpolitischen Diskussion ist seit einiger Zeit ein weiteres Instrument zur Förderung des Klimaschutzes und der Energieeffizienz: die „CO_2-Steuer", die auf fossile Energieträger wie Mineralöl, Kohle und Gas erhoben werden soll. Im März 2009 kündigte EU-Steuerkommissar Algirdas Šemeta an, „in den nächsten Monaten" eine CO_2-Steuer auf bestimmte Produkte zu präsentieren.[23] Frankreich hat bereits 2009 beschlossen, die CO_2-Emissionen von Haushalten und Unternehmen zu besteuern. Geplant war die Einführung einer CO_2-Steuer von 17 Euro pro Tonne Kohlendioxid-Ausstoß. Allerdings wurden diese Pläne vorerst vom Verfassungsgericht gestoppt.[24]

Vereinfacht ausgedrückt, ergeben sich daraus für Unternehmen zwei wesentliche Konsequenzen: Einerseits steigt die Nachfrage nach klimafreundlichen Produkten und energieeffizienten Lösungen – und damit die Chancen für die Unternehmen, deren Portfolio auf diese Anforderungen ausgerichtet ist. Andererseits nehmen Risiken für Unternehmen zu, deren Produktion und/oder Erzeugnisse eine ungünstige Treibhausgas-Bilanz vorzuweisen haben. Wenn sie die Kosten für den CO_2-Ausstoß einpreisen müssen, hat dies massive Auswirkungen auf ihre Positionierung im Wettbewerb.

Kapitel 3

Chancen und Risiken der Megatrends

„Vernünftiger Klimaschutz ist nicht allein Kostenfaktor, sondern eine Investition in die Zukunft. Neue Produkte und effizientere Verfahren eröffnen den Unternehmen neue Marktchancen und schaffen zukunftssichere Arbeitsplätze. In Zeiten steigender Energie- und Rohstoffkosten ergeben sich für Unternehmen und Bürger durch Effizienzmaßnahmen erhebliche Einsparpotenziale."

2° – Deutsche Unternehmer für Klimaschutz

Vom französischen Ökonomen und Bestsellerautor Alain Minc stammt der Ausspruch „Die Globalisierung ist für unsere Volkswirtschaften das, was für die Physik die Schwerkraft ist. Man kann nicht für oder gegen das Gesetz der Schwerkraft sein – man muss damit leben."¹ Die Quintessenz dieses Zitat ist übertragbar: Es ist längst keine Frage mehr, ob die beschriebenen Megatrends existieren. Es geht nur noch darum, wann, in welchem Umfang und mit welchen Auswirkungen auf Wirtschaft und Gesellschaft sie eintreten.

Es besteht jedoch kein Grund, deshalb in eine Schockstarre zu verfallen und fatalistisch die weitere Entwicklung abzuwarten. Diese Megatrends bergen nicht nur Risiken, sondern auch Chancen. Allerdings nur für diejenigen Unternehmen, die sich den Herausforderungen des Klimawandels und der Ressourcenknappheit aktiv stellen und durch ein Chancen-Risiken-Management in ihre Strategie integrieren. Langfristig abgestraft wird dagegen eine Vogel-Strauß-Politik, die die Zeichen am Horizont beharrlich ignoriert: „Unternehmen, die die Folgen des Klimawandels für ihr Geschäft nicht schnell genug verstehen lernen, die also sozusagen ‚behind the curve' sind, laufen Gefahr, an Wettbewerbsfähigkeit zu verlieren, und zwar schneller, als viele sich dies heute vorstellen können."²

Diesen Appell veröffentlichte die WestLB bereits

2003 in ihrer Studie „Von Economics zu Carbonomics". Die Warnung stieß bislang in manchen Bereichen auf taube Ohren, zumindest wenn man die Ergebnisse einer Analyse der HypoVereinsbank und oekom research heranzieht. Das Geldinstitut und die Nachhaltigkeits-Ratingagentur untersuchten und bewerteten die Klimarisiken von 35 Branchen. Das Resultat: Einige Wirtschaftszweige, etwa die Immobilien- oder die Bauwirtschaft, nehmen die Auswirkungen des Klimawandels noch immer auf die leichte Schulter; andere Branchen – beispielsweise Energieversorger oder die Automobilbranche – setzen sich bereits systematisch mit den Folgen des Klimawandels auseinander und ziehen Konsequenzen für ihre Unternehmensstrategie.[3]

Insgesamt, so die Einschätzung von Dr. Werner Schnappauf, Hauptgeschäftsführer des Bundesverbandes der Deutschen Industrie (BDI), müssen die Unternehmen in Deutschland noch stärker für die notwendigen Maßnahmen zur Anpassung an den Klimawandel sensibilisiert werden. Während sich vor allem große Unternehmen bereits systematisch auf diese Herausforderung vorbereiten, hat die mittelständische Wirtschaft Nachholbedarf. Diese Aussage wird von der HypoVereinsbank/oekom-Studie gestützt: „Gerade kleine und mittelständische Unternehmen tun sich schwer, die konkreten Auswirkungen auf ihr Geschäft zu analysieren und gegebenenfalls entsprechende Maßnahmen einzuleiten."[4]

Mögliche Konsequenzen für das Geschäftsmodell abwägen

*E*ine systematische Auseinandersetzung mit den möglichen Auswirkungen von Klimawandel und Ressourcenknappheit bedeutet grundsätzlich, die Risiken und Chancen zu untersuchen, die sich aus diesen Megatrends für die eigene Branche bzw. das eigene Unternehmen und sein Geschäftsmodell ergeben. Der erste Schritt ist dabei, die Dimensionen Risiko und Chancen weiter zu unterteilen und dadurch einer Analyse zugänglich zu machen. Für eine differenzierte Betrachtung ist hier entscheidend, dass diese Analyse entlang der gesamten Wertschöpfungskette erfolgt.

Bei der Betrachtung der Risiken lassen sich zwei Kategorien unterscheiden: die physischen Auswirkungen des Klimawandels und die wirtschaftlichen Folgen, also Veränderungen der Regulierungsmaßnahmen sowie auf der Angebots- und/oder Nachfrageseite der Märkte. Zu den physischen Auswirkungen des Klimawandels zählen beispielsweise die Zerstörung und Schäden an Gebäuden und Infrastruktur durch Extremwetterereignisse oder Hochwasser. Auch die Verfügbarkeit von Betriebsmitteln fällt in diese Risikokategorie. In die Analyse müssen unbedingt die globalen Lieferketten einbezogen werden.

Die wirtschaftlichen Risiken des Klimawandels und der Ressourcenknappheit können nach Umsatz- und Kostenrisiken unterteilt werden: Zu den Umsatzrisiken zählen der Wandel der Kundenpräferenzen, Imageschäden oder Substitution von Produkten und Leistungen. Derzeit haben die physischen Auswirkungen des Klimawandels in Deutschland noch kaum Auswirkungen auf die Unternehmen. Risiken für die Kostenposition ergeben sich aus Regulierungsmaßnahmen, zum Beispiel aus der Gestaltung der Phase III des Europäischen Emissionshandelssystems (EU ETS).

Die Dimensionen dieses Risikos beschreibt die BASF SE im Deutschlandbericht 2009 des Carbon Disclosure Project:

„Für die dritte Handelsperiode ab 2013 ist der regulatorische Rahmen des EU ETS in vielen wichtigen Punkten noch immer unsicher. BASF wird, abhängig von der endgültigen Ausgestaltung, zwischen 3 und 10 Millionen Zertifikate im Jahresdurchschnitt der Handelsperiode von 2013 bis 2020 kaufen müssen. In Abhängigkeit des angenommenen CO_2-Preises könnte sich die Kostenlast für BASF auf einen dreistelligen Millionen Euro Betrag summieren (bei 40 Euro pro Tonne CO_2e)."[5]

Weitere Risiken ergeben sich aus der Preisentwicklung für Energie und Rohstoffe. Die BASF SE bezeichnet in ihrem Geschäftsbericht 2009 die „Preisvolatilität von Einsatzstoffen, insbesondere von erdölbasierten Chemikalien" als „einen der Haupttreiber für Risiken und Chancen".[6]

Diesen Risiken stehen jedoch auch Chancen gegenüber: Die strategische Ausrichtung des Geschäftsmodells an den Megatrends Klimawandel und Ressourcenknappheit eröffnet Unternehmen neue Möglichkeiten: Dazu gehören zum Beispiel die Ansprache neuer Zielgruppen oder die Ergänzung des Leistungsportfolios durch umweltfreundliche Produkte. So können sich Anbieter durch nachhaltiges Handeln im Wettbewerb differenzieren. Am Beispiel der Branchen Energieversorgung, Automobilindustrie und Maschinen- und Anlagenbau wird die ökonomische Ambivalenz der Megatrends deutlich: Klimawandel und Ressourcenknappheit wirken sich nicht zwangsläufig negativ auf die Geschäftstätigkeit aus.

So haben Energieerzeuger bei der Beschaffung ein hohes Kostenrisiko durch die Verknappung und Verteuerung fossiler Rohstoffe. Auch durch den Klimawandel geraten sie in mehrfacher Hinsicht unter Druck: Einerseits müssen sie ihre Treibhausgasemissionen senken, weil sie sonst ein Kostenrisiko – Stichwort: kostenpflichtige Versteigerung der Zertifikate im Emissionshandel – und einen Imageschaden in Kauf nehmen. So schrieb die RWE AG im Deutschlandbericht des Carbon Disclosure Projekts: „Die öffentliche Meinung stellt das höchste Risiko dar. RWE ist der größte Einzelemittent von CO_2 in Europa. Die öffentliche Meinung könnte RWE die Verantwortung für den Klimawandel zuschreiben und Handlungen einfordern."[7] Andererseits eröffnet der Klimaschutz den Unternehmen dieser Branche auch Chancen: Durch den Ausbau der Energieerzeugung aus regenerativen Quellen können sie sich von Mitbewerbern differenzieren.

Auf diese Strategie setzt die HEAG Südhessische Energie AG (HSE), wie Vorstandsvorsitzender Albert Filbert erklärt: „Mit der Gründung der NATURpur Energie AG 1999 waren wir bundesweiter Vorreiter. So konnten wir sehr früh Erfahrungen mit der Erzeugung von Ökostrom in eigenen Anlagen machen." (*siehe auch Seite 169 f.*). Inzwischen hat sich die HSE – sie gehört zu den acht größten Regionalversorgern in Deutschland – als ökologisch nachhaltiger Energie- und Infrastrukturdienstleister positioniert. „Klimaschutz, Ressourcenverbrauch und Generationengerechtigkeit sind die Themen, derer wir uns für unsere Kunden annehmen und auf denen unsere Wettbewerbsvorteile basieren", erläutert Albert Filbert. „Damit adaptieren wir einen gesellschaftlichen Wertewandel für die Energieversorgung, den wir früher und konsequenter als andere wahrgenommen und in unsere Positionierung und Produktentwicklung aufgenommen haben." Der Vorstandsvorsitzende betrachtet die strategische Entscheidung der HSE, sich als nachhaltiges Unternehmen zu positionieren, als „alternativlos", denn man bewege sich in einem reinen Verdrängungswettbewerb: „Hier kann nur überleben – und im besten Fall wachsen –, wer glaubwürdig handelt und den Kunden wahrnehmbare Vorteile bietet."

Zur Authentizität gehört für Albert Filbert, dass die nachhaltige Unternehmensführung nicht nur der nach außen gerichteten Generierung von Wettbewerbsvorteilen dient, sondern Ausdruck eines intern verankerten Wertesystems ist: „Wir nehmen unsere eigene Verantwortung für den Klimawandel und den Ressourcenverbrauch an und wollen die negativen Folgen unseres Wirtschaftens minimieren", unterstreicht der Vorstandsvorsitzende. Ein wichtiger Meilenstein auf diesem konsequenten Kurs der HEAG Südhessische Energie AG (HSE) war 2007 die Entscheidung, sich nicht am Bau eines Kohlekraftwerks in Mainz zu beteiligen und stattdessen den Aufbau- und Ausbau regenerativer Energien zu forcieren. 2008 wurde der gesamte Konzern atomstromfrei.

Seit 2009 arbeitet die HSE am Aufbau eines Nachhaltigkeitsmanagementsystems, das konzernweit einen kontinuierlichen Verbesserungsprozess vorantreiben soll. Nach außen sichtbares Ergebnis dieser Anstrengungen sind die Nachhaltigkeitsberichte der Vertriebstochter ENTEGA und des gesamten HSE-Konzerns, die 2010 erstmals veröffentlicht werden sollen. Wie Albert Filbert betont, ist das Nachhaltigkeitsmanagementsystem wichtiger Indikator für die Grundhaltung des Unternehmens: „Wir begreifen Nachhaltigkeit als Konzernentwicklungsthematik, nicht als rein kommunikatives Werkzeug. Wir wollen in unseren Abläufen und Prozessen wie in unseren Produkten und Dienstleistungen unseren unternehmensstrategischen Anspruch leben und dokumentieren."

Die Automobilindustrie bekommt die Megatrends Klimawandel und Ressourcenknappheit durch die veränderte Nachfrage der Verbraucher zu spüren. Seit der im Juli 2009 in Kraft getretenen Reform ist für die

Höhe der Kfz-Steuer vor allem der CO_2-Ausstoß eines Fahrzeugs maßgeblich, nicht mehr nur die Größe des Hubraums. Insofern fallen die CO_2-Emissionen bei der Kaufentscheidung stärker ins Gewicht. Mit den Benzinpreisen ist auch die Nachfrage nach sparsamen Modellen gestiegen. Das Debakel der US-Automobilhersteller hat 2009 deutlich vor Augen geführt, was passiert, wenn Hersteller solche Trends verschlafen. Hinzu kommt, dass sich die Automobilindustrie mit Regulierungsmaßnahmen auseinander setzen muss. Ein Beispiel sind die EU-Auflagen für Autos: Der CO_2-Ausstoß soll von derzeit knapp 160 Gramm je Kilometer im Flottendurchschnitt auf 120 Gramm je Kilometer sinken. Bis 2020 soll der CO_2-Ausstoß auf 95 Gramm je Kilometer reduziert werden.

Dennoch: Die Weisheit, dass in jeder Krise auch eine Chance steckt, gilt auch für die Automobilindustrie – zumindest für deren innovativsten Vertreter. Die BMW Group hat auf die Herausforderungen des Klimawandels unter anderem mit „Efficient Dynamics" reagiert. Unter diesem Begriff fasst sie Innovationen zusammen, die den Verbrauch ihrer Fahrzeuge mindern sollen: „eine neue, hocheffizient Motorengeneration, eine aktive Aerodynamik, den Einsatz von innovativem Leichtbau und ein intelligentes Energiemanagement im Fahrzeug".[8]

Die Resonanz auf diese Strategie ist sehr positiv, wie Dr. Werner Feurer, Leiter Konzernstrategie und -planung, Umwelt der BMW Group, erklärt: „Die Fortschritte, die wir mit Efficient Dynamics erreicht haben, werden heute von Kunden aufmerksam registriert und auch honoriert. Insbesondere in Märkten mit einer CO_2-basierten Steuer hat die BMW Group damit einen Wettbewerbsvorteil. Dort sind die laufenden Kosten der BMW Group Fahrzeuge im Wettbewerbsvergleich deutlich niedriger, gebrauchte Fahrzeuge der BMW Group mit Efficient Dynamics erzielen so auch höhere Restwerte. Ein Vorteil, der auch Großkunden überzeugt."[9]

Während „Efficient Dynamics" vor allem daran ansetzt, konventionelle Fahrzeugkonzepte zu verbessern, befasst sich das „project i" mit „radikal neuen Lösungen für eine nachhaltige Mobilität in Ballungsräumen".[10] Um Erfahrungen zur Elektromobilität im Praxisbetrieb zu sammeln, wurden 612 voll elektrische Mini E produziert und an Kunden verleast.

Eine andere Entwicklung des „project i" ist das Konzept BMW Vision EfficientDynamics mit Hybridtechnik. Als nächster Schritt ist die Markteinführung des „Megacity Vehicle" 2013 geplant. Damit will die BMW Group eine „innovative Lösung für nachhaltige Mobilität in urbanem Umfeld anbieten". Das Fahrzeug, das in Leipzig gebaut werden soll, hat eine Karosseriestruktur aus Kohlefaser mit Anbauteilen aus Spritzguss.[11]

Alle Industriebranchen bekommen bei der Beschaffung und der Produktion die steigenden Preise für Energie und Rohstoffe zu spüren. Hiervon sind insbesondere die energieintensiven Wirtschaftszweige wie die Metall-, Baustoff-, Papier- oder Chemieindustrie betroffen.

Die Megatrends Klimawandel und Ressourcenknappheit werden die Nachfrage nach Konsum- und Investitionsgütern erhöhen, die die Energieeffizienz verbessern. Von dieser Entwicklung werden die Branchen Maschinen- und Anlagenbau profitieren, die eine Schlüsselrolle bei der Steigerung der Energieeffizienz spielen. Dr. Manfred Wittenstein, Präsident des Verbands Deutscher Maschinen- und Anlagenbau (VDMA): „Mit den Produkten des Maschinen- und Anlagenbaus sparen unsere Kunden allein in Deutschland bereits heute im Vergleich zu vor zehn Jahren jährlich eine Energiemenge, die dem jährlichen Strombedarf aller 48 Millionen privaten Haushalte in Deutschland, Österreich und der Schweiz entspricht." Diese Zahlen präsentierte der VDMA bei der Vorstellung von zwei Studien von Prognos und Roland Berger Strategy Consultants im Dezember 2009.[12]

Bis 2020, so das Ergebnis der Roland-Berger-Studie, sind durch den Einsatz von effizienten Maschinenbautechnologien Energieeinsparungen in Höhe von 3.250 Terawattstunden möglich, das entspricht dem Strombedarf von 90 Millionen privaten Haushalten und würde eine zusätzliche Minderung der CO_2-Emissionen um 198 Millionen Tonnen bedeuten. Der VDMA ist zuversichtlich, dass sich die deutschen Unternehmen des Maschinen- und Anlagenbaus durch die Fokussierung auf Energieeffizienz an der Spitze des internationalen Wettbewerbs positionieren können.

Diese Skizzen einzelner Wirtschaftszweige müssen jedoch durch einen wichtigen Hinweis ergänzt werden: Branchenprofile bieten zwar Anhaltspunkte, ersetzen aber niemals die individuelle Chancen-Risiko-Analyse: Die muss jedes einzelne Unternehmen für sich selbst vornehmen. Bei der Bewertung der Chancen und Risiken entlang der Wertkette ist entscheidend, den ganzen Produktlebenszyklus von der Material-/Rohstoffproduktion über die Zuliefererproduktion, die eigene Produktion und den Vertrieb zu betrachten.

Die Verteilung der Treibhausgas-Emissionen kann je nach Produkt extrem unterschiedlich ausfallen: Etwa 70 Prozent der CO_2-Emissionen eines Autos entstehen während der Nutzungsphase, 15 Prozent bei den Zulieferern und 15 Prozent beim Autohersteller. Völlig anders sind die Treibhausgas-Emissionen im Lebenszyklus einer Lebensversicherungspolice verteilt: Hier entstehen während des Leistungserstellungsprozesses beim Versicherungsunternehmen rund 85 Prozent der Emissionen, bei Lieferanten 10 Prozent und bei der Nutzung 5 Prozent.[13]

Standort Deutschland: Unternehmen im Wachstumsmarkt GreenTech gut positioniert

Bislang wurden die Chancen und Risiken der Megatrends Klimawandel und Ressourcenknappheit auf der Unternehmensebene betrachtet. Diese Diskussion lässt sich aber auch unter makroökonomischen Vorzeichen führen. Um das Ergebnis vorwegzunehmen: Für Deutschland überwiegen eindeutig die Chancen, weil der Standort vom globalen Trend – bzw. der Notwendigkeit – zum nachhaltigeren Wirtschaften profitieren wird.

Deutsche Unternehmen sind genau in den Bereichen ausgezeichnet positioniert, die im Kampf gegen die Erderwärmung zum Erfolg führen: Energieeffizienz und erneuerbare Energien sind die zwei Königswege, um den Ausstoß von Treibhausgasen zu verringern bzw. zu vermeiden. Die ökologischen Herausforderungen treiben die Nachfrage nach technologischen Lösungen an. Der noch relativ junge Wirtschaftszweig Umwelttechnologie – eine Querschnittsbranche, die Überschneidungen mit anderen Schlüsselindustrien aufweist und deren Technologien und Geschäftsfelder erweitert – lässt sich in sechs Leitmärkte unterteilen:

- umweltfreundliche Energien und Energiespeicherung,
- Energieeffizienz,
- Rohstoff- und Materialeffizienz,
- Kreislaufwirtschaft,
- nachhaltige Wasserwirtschaft sowie
- nachhaltige Mobilität.

Mit einem Weltmarktvolumen von knapp 1.400 Milliarden Euro spielt die GreenTech-Branche bereits heute in der ersten Liga der globalen Schlüsselindustrien wie Elektroindustrie, Automotive oder Maschinenbau. Nach unseren Berechnungen wird der globale Markt für Umwelttechnologie bis 2020 ein Volumen von circa 3.200 Milliarden Euro erreicht haben. Deutsche Anbieter werden von diesem Boom der GreenTech-Märkte profitieren, denn Umwelttechnik „made in Germany" ist längst ein Exportschlager: Ihr Weltmarktanteil liegt im Durchschnitt der sechs Leitmärkte bei 15 Prozent; in vielen Bereichen, etwa bei Biogasanlagen, sind deutsche Hersteller Technologieführer. Auch auf dem Heimatmarkt haben sich grüne Technologien zum Wachstumsmotor entwickelt: 2007 lag der GreenTech-Umsatz in Deutschland bei 200 Milliarden Euro. Nach unseren Prognosen wird die Branche 2020 die Marke von 470 Milliarden Euro erreichen – und damit etwa 14 Prozent des deutschen Bruttoinlandsprodukts erwirtschaften.

Auch der BDI ist überzeugt, dass sich die deutsche Wirtschaft im internationalen Wettbewerb durch besondere Klima- und Umweltfreundlichkeit differenzieren kann. „Für den Standort Deutschland", so Werner Schnappauf, „liegen die Pluspunkte eindeutig bei den Marktchancen durch neue Zielgruppen und Produkte." Insgesamt sieht der BDI-Hauptgeschäftsführer die deutschen Unternehmen „sehr gut für den Übergang in eine Low-Carbon-Economy gerüstet". „Der Schlüssel hierfür sind Innovationen. Und da hat die deutsche Wirtschaft die Nase vorn und zeigt seit langem, dass Klimaschutz und Wirtschaftswachstum miteinander vereinbar sind." Der sparsame Umgang mit Energie und anderen Ressourcen zählt zu den ökonomischen Kardinaltugenden des 21. Jahrhunderts. Und diese Disziplin zählt zu den Kernkompetenzen deutscher Unternehmen. Nach einer Untersuchung des Instituts der deutschen Wirtschaft in Köln verbesserte die Industrie ihre Energieeffizienz zwischen 1995 und 2005 um fast 13 Prozent. „Die deutschen Unternehmen gehören damit international zu den Vorreitern in Sachen klimafreundliche Produkte und Produktion", erklärt Werner Schnappauf. „Es gibt keinen Industriezweig, der nicht beständig in die Verbesserung der Energie- und Ressourceneffizienz seiner Produktionsprozesse und Produkte investiert hat und investiert."

Dieser Vorsprung wird sich gleich in mehrfacher Hinsicht bezahlt machen: Zum einen ist die Energieeffizienz quasi zum Markenzeichen vieler Erzeugnisse „made in Germany" geworden, was den Kunden einen Mehrwert bietet und damit Absatzchancen deutlich steigert. Zum anderen sorgt die Energieeffizienz in der Produktion für Entlastung auf der Kostenseite, weil sie den Ressourcenverbrauch verringert. Allerdings birgt der Klimaschutz für den Standort nicht nur Chancen, sondern auch Risiken: Der BDI weist hier vor allem auf die Kosten hin, die der deutschen Wirtschaft durch Regulierungen entstehen. Der Standort Deutschland könnte ins Hintertreffen geraten, wenn kein „Level Playing Field" entsteht: In ihrem Berliner Appell forderte die BDI-Klimaschutzinitiative im Vorfeld des Kopenhagen-Gipfels ein „effektives und faires Klimaabkommen", das „international vergleichbare Rahmenbedingungen bezüglich Umfang, Qualität und Kosten der Reduktionsverpflichtungen" schafft.

Andernfalls drohe eine Verzerrung des Wettbewerbs zum Nachteil der deutschen Volkswirtschaft: Es könnte zu einer Verlagerung von Produktion und Arbeitsplätzen in Staaten mit weniger oder gar keinen Klimaschutzauflagen kommen. Um dieses „Carbon Leakage" zu verhindern, will der BDI die Verhandlungen für ein internationales Klimaschutzabkommen weiterhin intensiv begleiten und plädiert eindringlich dafür, „langfristig verlässliche Rahmenbedingungen" und damit Berechenbarkeit für Unternehmen zu schaffen.

Teil II

*Der Weg zu nachhaltigem Wachstum:
Green Transformation*

Während Teil I des Buches den Akzent auf die Treiber der Green Transformation gesetzt hat, liegt der Fokus von Teil II auf der Umsetzung. Ziel ist es, Unternehmen Analyse- und Handlungsinstrumente an die Hand zu geben, wie sie das Konzept Sustainable Business für ihren Erfolg im Wettbewerb nutzen können. Es geht darum, eine individuelle Transformationsstrategie zu entwickeln. Ihr Kernstück ist die Bewertung von Chancen und Risiken entlang der Wertschöpfungskette. Nach dieser Logik richtet sich die Reihenfolge der Kapitel, wobei mit dem übergreifenden Thema Green Leadership begonnen wird.

Die einzelnen Glieder der Wertschöpfungskette zu betrachten, dient dabei nicht nur als strukturgebender Rahmen für den zweiten Teil dieses Buches. Dieser Aufbau will auch deutlich machen, dass die Green Transformation nicht zwangsläufig nach dem Alles-oder-Nichts-Prinzip funktioniert. Sie kann sich zunächst auf einzelne Wertschöpfungsstufen beschränken; es ist legitim und häufig notwendig, Prioritäten zu setzen – je nachdem, an welchen Stellen die Chancen-Risiko-Analyse den dringlichsten Handlungsbedarf verortet.

Kapitel 4

Green Leadership

„Nachhaltigkeit belastet nicht das Unternehmensergebnis, wie viele Manager glauben. Vielmehr kann Umweltschutz die Kosten senken und die Einnahmen steigern. Daher sollte Nachhaltigkeit ein Maßstab für alle Innovationen sein."

C. K. Prahalad

Wie alle tiefgreifenden Veränderungsprozesse in Organisationen ist die Green Transformation ein Kraftakt, der das gesamte Unternehmen betrifft: Es gilt, neue Maßstäbe zu definieren, einzuführen und zu verankern – und zwar auf allen Ebenen und in allen Geschäftseinheiten. Diese Herkulesaufgabe kann nur gelingen, wenn das Sustainable-Business-Konzept seinen festen Platz in der Strategie des Unternehmens hat. Zugespitzt formuliert: Nachhaltigkeit als schmückendes Beiwerk zum Kerngeschäft entfacht vielleicht ein Marketing-Strohfeuer, aber bringt keinen langfristigen ökonomischen Nutzen.

Die Deutsche Telekom AG definiert Nachhaltigkeit als integralen Bestandteil ihrer Strategie. Sichtbarer Ausdruck dieser Haltung ist die im Herbst 2009 gestartete „Nachhaltigkeitsoffensive". Unter dem Motto „Millionen fangen an" werden in Anzeigen-Kampagne Produkte und Dienstleistungen vorgestellt, die sowohl die Bedürfnisse der Kunden als auch den Nutzen für Umwelt und Gesellschaft adressieren. Die Telekom beschäftigt sich bereits seit Anfang der 1990er Jahre mit Nachhaltigkeit.

Dieses langfristige Engagement zeigt, dass der Konzern nicht zu den Mitläufern des Nachhaltigkeits-Hypes gehört, sondern wegen ihrer gründlichen Auseinandersetzung mit der Thematik eine Vorreiterrolle spielt. Als Pionier auf dem Feld Sustainable Business hat die Deutsche Telekom AG schon frühzeitig Strukturen und Prozesse geschaffen, um dieses Konzept zu implementieren. Das Vorgehen des Unternehmens ist natürlich keine Blaupause, die andere kopieren können. Das Beispiel der Deutschen Telekom liefert aber Anregungen und den Beweis: Green Transformation ist keine Utopie, sondern ein machbar.

Bei der BASF SE gehört Nachhaltigkeit explizit zur Unternehmensstrategie. „Wir wirtschaften nachhaltig für eine lebenswerte Zukunft" lautet eine der vier Leitlinien der „BASF Strategie 2015". Beim Stellenwert der Nachhaltigkeit für die Unternehmensentwicklung vertritt die Konzernführung einen klaren Standpunkt: „Gerade in schwierigen Zeiten zeigt sich, dass Unternehmen, die nachhaltig wirtschaften und verantwortlich handeln, langfristig erfolgreicher sind. Deshalb ist Nachhaltigkeit ein fester Bestandteil der der BASF-Strategie. Dauerhafter Erfolg ist ohne den sorgsamen Umgang mit Umwelt und Gesellschaft nicht möglich."[1]

Green Transformation: kritische Erfolgsfaktoren

Für die Umsetzung dieses Konzepts ist es hilfreich, sich auf die Grundsätze des Change Management zu besinnen. Denn der Weg zum Sustainable Business ist im Kern ein Transformationsprozess (*siehe Seite 22*). Deshalb lassen sich die wichtigsten Regeln für Change-Management-Projekte auf die Green Transformation übertragen: Es sind vor allem vier Faktoren, die über den Erfolg dieses Prozesses entscheiden:

- das Engagement der Führungsebene,
- klare Zielvorgaben,
- Festlegung von Strukturen und Abläufen sowie
- Motivierung der Mitarbeiter.

Wer sich auf das Unterfangen Green Transformation einlässt, darf sich keinen Illusionen hingeben: Die Ausrichtung der Unternehmensführung an den Prinzipien der Nachhaltigkeit lässt sich nicht von heute auf morgen per Dekret bewerkstelligen. Die Erfahrungen zeigen, dass der Weg zur Nachhaltigkeit selten mit einem „big bang" begonnen hat: „Die Transformation zum nachhaltigen Unternehmen ist ein evolutionärer Prozess, der niemals beendet ist, sondern immer auf der nächsthöheren Stufe weitergeht", erklärt Dr. Ignacio Campino, Vorstandsbeauftragter für Nachhaltigkeit und Klimaschutz in der Zentrale der Deutschen Telekom AG.

„Evolutionär" ist dabei kein Synonym für „im Selbstlauf". Die Transformation zum nachhaltigen Unternehmen muss von der Unternehmensleitung angestoßen und mit Nachdruck unterstützt werden.

Wie bei allen Change-Management-Prozessen hängt die Glaubwürdigkeit – und damit der Erfolg der Green Transformation – wesentlich von der Führungsebene ab: Halbherziges oder gar fehlendes Engagement des Managements untergräbt alle Bemühungen, ein Unternehmen auf den Kurs des Sustainable Business auszurichten. Die Unternehmensführung ist bei der Green Transformation in zwei Dimensionen gefordert: zum einen bei der Verankerung des Sustainable Business in der Strategie, zum anderen beim Setzen des Rahmens für die operative Umsetzung dieses Konzepts.

Passende Rahmenbedingungen schaffen

Die Implementierung des Konzepts Sustainable Business in die Praxis verlangt in der Regel eine intensive und kritische Auseinandersetzung mit den Strukturen und Prozessen eines Unternehmens. Welche Weichen in der Organisation müssen neu gestellt werden, um die Green Transformation voranzubringen? Welche Gremien sind für diesen Veränderungsprozess verantwortlich, und an wen berichten sie? Dies ist nur ein Ausschnitt aus dem umfangreichen Fragenkatalogs, den Unternehmen zu Beginn der Green Transformation durcharbeiten. Es gibt jedoch keine universell gültige Bauanleitung für ein „nachhaltiges" Organigramm. Die Tragfähigkeit einzelner Modelle richtet sich nach den individuellen Gegebenheiten im Unternehmen. Zur Illustration – nicht als Musterlösung – wird hier dargestellt, wie die Deutsche Telekom AG und die BASF SE Nachhaltigkeit in ihren Corporate-Governance-Strukturen verankert haben.

Bei der Deutschen Telekom AG ist das „CR-Board" für die Strategie und Zielsetzung der Corporate Responsibility im Gesamtkonzern verantwortlich. Diesem zentralen Gremium gehören die Leiter der wichtigsten Konzernfunktionen sowie der Deutschen Telekom Stiftung an. Die Steuerung und die Koordination der CR-Aktivitäten in allen Geschäftsfeldern und internationalen Gesellschaften obliegen dem sogenannten „CR-Bereich", der als Schnittstelle zwischen dem „CR Board" und anderen Abteilungen fungiert.

Durch seine Anbindung an die Unternehmenskommunikation ist der „CR-Bereich" im Verantwortungsbereich des Vorstandsvorsitzenden angesiedelt. Für die operative Umsetzung der CR-Strategie sind die CR-Manager der einzelnen Geschäftsfelder und der internationalen Gesellschaften verantwortlich, die an den zentralen „CR-Bereich" berichten. Das „CR-Managernetzwerk" bietet den Nachhaltigkeitsexperten eine Plattform für den Erfahrungsaustausch über Bereichs- und Ländergrenzen hinweg.

Der Nachhaltigkeitsrat („Sustainability Council") der BASF SE hat als zentrale Aufgabe, für alle drei Säulen der Nachhaltigkeit – Ökonomie, Ökologie und Gesellschaft – konzernweite Strategien zu entwickeln und die BASF-Gruppe am Leitbild der Nachhaltigkeit auszurichten. Dem Gremium gehören neun Leiter von Unternehmensbereichen an, geführt von einem Mitglied des Vorstands, sodass die direkte Anbindung an die oberste Führungsebene der BASF SE gewährleistet ist.

Mitglied des Nachhaltigkeitsrates ist der Klimaschutzbeauftragte des Konzerns, Dr. Ulrich von Deessen, der auch den Unternehmensbereich Umwelt,

Gesundheit und Sicherheit leitet. Die BASF SE war 2008 übrigens das erste global tätige Industrieunternehmen, das einen Klimaschutzbeauftragten ernannt hat. Ihm obliegt die Koordination aller Aktivitäten zu diesem Thema, von der Reduktion der Emissionen in der Produktion über die Initiierung von Forschungsprojekten bis zur langfristigen Positionierung des Konzerns in Bezug auf Klimaschutz. Mit der Etablierung dieser Funktion wollte der Konzern ein Zeichen setzen, wie Ulrich von Deessen betont: „Klimaschutz ist ein integraler Bestandteil der BASF Nachhaltigkeitsstrategie und wird immer stärker zu einer langfristigen strategischen Aufgabe."[2]

2001 begann die BASF, regionale Netzwerke in Asien, Amerika und Europa zu knüpfen („Regional Steering Commitees"). Diese Lenkungskreise sollen die Umsetzung der im Nachhaltigkeitsrat erarbeiteten Strategien unterstützen. Eine wichtige Rolle, um die Implementierung der Nachhaltigkeitsstrategie konzernweit voranzutreiben, spielen Projektteams, die für konkrete Aufgaben gebildet werden. Die Mitglieder rekrutieren sich aus Mitarbeitern bestehender operativer Einheiten. Dieses

Konstrukt soll sicherstellen, dass die Nachhaltigkeitsprojekte den Bezug zum Unternehmensalltag behalten.

Eine Organisationseinheit mit „fester Besetzung", die sich ausschließlich dem Nachhaltigkeitsthema widmet, ist das „Sustainability Center" – ein zentraler Knotenpunkt im Nachhaltigkeitsnetzwerk der BASF SE: Das Team fungiert als Schaltstelle zwischen allen Gremien und Akteuren, die sich innerhalb des Konzerns mit Nachhaltigkeitsthemen befassen: dem Nachhaltigkeitsrat, den regionalen Lenkungskreisen, Projektteams etc. Außerdem ist das „Sustainability Center" Ansprechpartner für Stakeholder wie Umweltorganisationen, Wirtschaftsverbände oder Initiativen wie Global Compact der Vereinten Nationen.

Sowohl die Deutsche Telekom AG als auch die BASF SE berücksichtigen grundlegende Regeln bei der Umsetzung ihrer Nachhaltigkeitsstrategie: Zuständigkeiten und Verantwortlichkeiten sind eindeutig festgelegt. Und die bereichsübergreifende Besetzung von Gremien beugt nicht nur der „Silo-Mentalität" vor, sondern sorgt dafür, dass Ideen und Erfahrungen konzernweit zirkulieren.

Die Verbreitung von Nachhaltigkeits-Know-how innerhalb der Organisation zählt zu den wichtigsten Aufgaben der CSR-Verantwortlichen: Indem sie die Ergebnisse einzelner Projekte auswerten, nehmen sie ihre Rolle als Kompetenzvermittler wahr. Außerdem fungieren CSR-Verantwortliche in vielen Organisationen als interne Unternehmensberatung, die bei Bedarf ihr Fachwissen für Projekte zur Verfügung stellt, und als Schnittstelle zwischen Unternehmen und Umwelt.

Ein weiterer Ansatz für die Umsetzung von Nachhaltigkeitsstrategien ist deren Integration in das Qualitätsmanagement. Diesen Weg geht beispielsweise die KSB-Gruppe: Das Unternehmen hat sich für das sogenannte EFQM-Modell für Business Excellence entschieden. Es ist die Grundlage für die Qualitäts-, Umwelt-, Gesundheits- und Arbeitssicherheitspolitik des Unternehmens. Die Kernelemente dieses Total-Quality-Management-Ansatzes (unter anderem Partnerschaft mit Lieferanten, gesellschaftliche Verantwortung) weisen eine große Schnittmenge mit den Handlungsfeldern der nachhaltigen Unternehmensführung auf.

Ziele setzen – und kontrollieren

Wenn es eine übertragbare Erfahrung aus diversen Change-Management-Projekten gibt, dann ist es die Unabdingbarkeit klarer Vorgaben, sowohl für die Meilensteine am Ende jeder Etappe als auch für das Endziel. Hier ist die Führungsebene eines Unternehmens gefordert; sie muss eindeutige Ansagen machen, was sie im Rahmen der Green Transformation erreichen will. Vage Appelle wie „Unser Unternehmen soll klimafreundlicher werden" sind ungenügend, weil in der Regel folgenlos. Gefordert sind stattdessen greifbare, weil quantitativ hinterlegbare Ziele.

Die Höhe der Messlatte muss dabei mit großem Feingefühl fixiert werden: Liegt sie zu niedrig, entfällt der Ansporn zu größeren Anstrengungen. Liegt sie zu hoch, leidet die Motivation ebenfalls. Wichtig ist, dass die Ziele der Green Transformation auf eine konkrete Ebene herunter gebrochen werden. Erst dann werden sie nachvollziehbar und bringen fassbare Ergebnisse.

Die Deutsche Telekom AG hat drei Schwerpunkte ihrer Corporate-Responsibility-Aktivitäten definiert:

nachhaltige Vernetzung von Leben und Arbeiten („Connected Life and Work"), Integration in die Informations- und Wissensgesellschaft („Connect the Unconnected") und Wege zu einer CO_2-reduzierten Gesellschaft („Low Carbon Society"). Für jedes dieser drei Handlungsfelder wurden im Rahmen eines 2008 begonnenen Prozesses verbindliche Ziele gesetzt, die konzernweit umzusetzen sind und mithilfe eigens entwickelter Key Performance Indicators gemessen werden. So sollen die CO_2-Emissionen des Konzerns bis 2020 um 20 Prozent sinken. Dieses Metaziel ist in mehrere Subziele gegliedert; dazu gehören unter anderem die Umsetzung einer Climate-Change-Strategie sowie die konzernweite Implementierung des Umweltmanagementsystems gemäß ISO 14001. Die Steigerung der Energieeffizienz – und damit einhergehend die Senkung der CO_2-Emissionen und der Energiekosten – gehört ebenfalls zu den wichtigen CR-Zielen der Deutschen Telekom AG.

Die BASF SE hat die im Rahmen ihrer Nachhaltigkeitsstrategie verfolgten Ziele quantifiziert: Im Bereich Energie und Klimaschutz hat sich der Konzern unter anderem vorgenommen, die spezifische Energieeffizienz der Produktionsprozesse bis 2020 auf Basis des Jahres 2002 um ein Viertel zu steigern. Im selben Zeitraum sollen die spezifischen Emissionen von Treibhausgasen pro Tonne Verkaufsprodukt um 25 Prozent sinken. Die Wasserbelastung durch den Eintrag organischer Stoffe und Stickstoff soll jeweils um 80 Prozent reduziert werden. Es wird laufend kontrolliert, wo das Unternehmen auf dem Weg zu diesen Zielen steht. Ein jährlicher Statusbericht stellt fest, wie weit die Lücke zwischen Soll und Ist noch klafft.

Eine solche Überprüfung und zentrale Erfassung der Projektfortschritte während einer Green Transformation sind zwingend notwendig. Dieses Monitoring zeichnet ein ehrliches Bild des Projektverlaufs und liefert dem Management damit die nötigen Informationen, um Handlungsbedarf rechtzeitig zu erkennen.

Mitarbeiter mobilisieren

Selbst wenn das Management die besten Voraussetzungen für die Umsetzung der Green Transformation geschaffen hat – dies ist nur eine notwendige Bedingung für den Erfolg, aber keine hinreichende: Die Implementierung dieses Konzepts im Unternehmen gelingt nämlich nur mit engagierten Mitarbeitern, die hinter den Zielen der Green Transformation stehen und sie in ihrem Verantwortungsbereich verwirklichen. Eine solche Haltung entsteht nicht per Dienstanweisung, sondern durch Überzeugungsarbeit.

Eine Schlüsselrolle als Multiplikator spielt dabei das mittlere Management: Gerade dieser Personenkreis muss für die Bedeutung des Sustainable Business sensibilisiert werden. Es empfiehlt sich, dabei nicht nur auf gute inhaltliche Argumente zu setzen: Die Zielvereinbarungssysteme von Führungskräften müssen die im Rahmen der Green Transformation definierten strategischen Ziele widerspiegeln; andernfalls laufen diese Gefahr, lediglich als gut gemeinte Appelle wahrgenommen zu werden.

Ein wichtiges Aktionsfeld der Green Transformation ist die Personalentwicklung. Dazu gehört die Berücksichtigung des Themas Nachhaltigkeit bei der Aus- und Weiterbildung der Mitarbeiter. Zentrales Anliegen muss es dabei sein, Wissen und Informationen zu wesentlichen Aspekten der Nachhaltigkeit zu vermitteln. Allerdings ist es schwierig, einerseits allgemeine Zusammenhänge zu vermitteln, andererseits die Verbindung zur Realität des Unternehmens herzustellen. Ignacio Campino beschreibt die Erfahrungen der Deutschen Telekom bei dieser Gratwanderung: „Bewährt haben sich Weiterbildungsmaßnahmen zu einzelnen Aspekten der Corporate Responsibility, die jeweils einen praktischen Bezug zur Tätigkeit der Teilnehmer hatten. Weniger positiv ausgefallen ist dagegen die Resonanz auf Veranstaltungen, die sich allgemein mit dem Thema Nachhaltigkeit befassten."

Wenn es gelingt, die Beschäftigten vom Konzept des Sustainable Business zu überzeugen, kommt eine Eigendynamik der Green Transformation in Gang. Die emotionale Komponente des Themas Nachhaltigkeit fördert die Begeisterung und das Engagement. Auf dieser Basis entstehen neue Ideen und Projekte, die die nachhaltige Unternehmensführung „bottom up" voranbringen. Auf diese Weise setzt die Green Transformation positive Impulse für die Unternehmenskultur und stärkt die Corporate Identity. Hinzu kommt: Die Auseinandersetzung mit dem Thema Nachhaltigkeit fördert auf allen Ebenen des Unternehmens die Sensibilität für Signale, die auf Veränderungen des Umfelds hindeuten. Diese geschärften Sinne für Zukunftstrends steigern das Innovationspotenzial eines Unternehmens – und damit die Positionierung im Wettbewerb.

Kapitel 5

Green Procurement

„At Walmart, we believe everyone has a responsibility to reduce greenhouse gas emissions throughout the supply chain. We recognize from our own experience, that working to reduce greenhouse gas emissions can drive innovation and enable cost savings. Through our Supplier Sustainability Assessment, we are asking suppliers to publicly record their GHG emissions reduction strategy and actions to the Carbon Disclosure Project."

Matt Kistler
Senior Vice President of Sustainability Walmart

*I*m Periodensystem der Elemente steht „Cd" für Cadmium. In die Annalen von Sony ging diese Abkürzung vermutlich als „Christmas Desaster" ein: Der hollländische Zoll beschlagnahmte Anfang Dezember 1991 rund 1,3 Millionen Play Stations, weil das Cadmium in den Kabeln den in den Niederlanden zulässigen Grenzwert überschritt. Sony drohte ein massiver Umsatzeinbruch, denn das Weihnachtsgeschäft war gefährdet. Die Schadensbegrenzung kostete das Management von Sony nicht nur Zeit und Nerven, sondern auch viel Geld: Alles in allem, so die Schätzungen, musste der Unterhaltungselektronik-Konzern wegen der Überdosis Schwermetall in den Spielkonsolen 93 Millionen US-Dollar ausgeben, unter anderem für den Austausch der Kabel, die von einem Zulieferer aus Taiwan stammten.

Ein solches Debakel wollte Sony nicht noch einmal erleben und zog Konsequenzen. Die wichtigste lautete: verbessertes Risikomanagement in der Lieferkette. Sony inspizierte 6.000 Fabriken und organisierte das Einkaufsmanagement neu. Sonys Advents-Alptraum führt drastisch vor Augen, welche Risiken sich in der Lieferkette verbergen. Diese bittere Lektion musste auch

Mattel lernen: Der weltgrößte Spielzeughersteller war 2007 gezwungen, insgesamt mehr als 20 Millionen in China produzierte Artikel zurückzurufen: Die Farben, mit denen Barbie-Accessoires und Fisher-Price-Lokomotiven bemalt waren, enthielten zu viel Blei.

Diese Beispiele zeigen: Das Lieferantenmanagement hat schon allein unter dem Gesichtspunkt der Risikominimierung einen enormen Stellenwert. Aber diese Perspektive greift natürlich zu kurz; die Beschaffung ist auch aus anderen Gründen ein wichtiges Glied der Wertkette: Hier werden wichtige Voraussetzungen für die Wettbewerbsfähigkeit eines Unternehmens geschaffen, denn intelligente und effiziente Beschaffungsprozesse spielen eine Schlüsselrolle für Kostensenkung, Flexibilität und Qualität.

Diese strategischen Potenziale des Einkaufs müssen auch im Rahmen der Green Transformation erschlossen werden. Es geht darum, das Lieferantenmanagement zusätzlich an nachhaltigen Zielen auszurichten. Wie im letzten Kapitel beschrieben, erfassen immer mehr Unternehmen bei der Erstellung ihrer CO_2-Bilanz den gesamten Lebenszyklus der Produkte und berücksichtigen auch die CO_2-Emissionen ihrer Zulieferer. Das heißt, die Senkung der CO_2-Emissionen bzw. des Energieverbrauchs wird zu einem entscheidenden Kriterium einer „grünen" Einkaufspolitik. Außerdem müssen strengste Maßstäbe bei der Bewertung von Risiken angelegt werden: Das Management eines Unternehmens muss sicherstellen, dass seine Lieferanten ökologische und soziale Standards einhalten.

„Green Procurement" scheint allerdings noch eine Minderheitendisziplin zu sein: Über 60 Prozent der deutschen Großunternehmen kennen die Instrumente des „Sustainable Supply Chain Management" nicht oder verzichten auf deren Einsatz.[1] Außerhalb Deutschlands ist die Popularität des nachhaltigen Beschaffungsmanagements noch weniger verbreitet, wie eine Studie von Accenture ergab:[2] Nur zehn Prozent der befragten Unternehmen gestalten ihr Supply Chain Management nach nachhaltigen Kriterien.

Für die Erhebung wurden 245 Führungskräfte aus den USA, Europa und Asien befragt. Jeder Dritte hatte keine Ahnung vom Level der CO_2-Emissionen im Lieferantennetzwerk seines Unternehmens. Die Studie zeigt außerdem eine interessante Korrelation: Diejenigen Unternehmen, die in puncto Kosteneffizienz und Kundenservice am besten abschneiden, setzen viel stärker auf nachhaltiges Supply Chain Management als mittelmäßige Performer.

Nachhaltige Beschaffung: Standards definieren

Die Beschaffung nachhaltig zu gestalten, ist kein leichter Weg. Vor dem ersten Schritt steht die Positionsbestimmung: Jedes Unternehmen muss im Rahmen seiner Sustainable-Business-Strategie die Standards definieren, die künftig die Regeln für das „Green Procurement" bestimmen.

Bei der Deutschen Telekom AG ist die „Sozialcharta" seit 2003 das Grundgesetz aller Einkaufsbedingungen. Sie schreibt entlang der gesamten Wertschöpfungskette die Einhaltung international anerkannter ökologischer und sozialer Mindeststandards vor – und zwar nicht nur für die Lieferanten der Deutschen Telekom AG, sondern auch für deren Zulieferer. Basis für die „Sozialcharta" sind die Werte, Normen und Richtlinien des Global Compact der Vereinten Nationen[3], der Internationalen Arbeitsorganisation (ILO) und der OECD. Die Standards dieser internationalen Organisationen dienen vielen Unternehmen weltweit als Messlatte für eine nachhaltige Beschaffungspolitik. Im Wesentlichen basieren sie auf den universell geltenden Prinzipien der Menschenrechte (Verbot von Zwangsarbeit, Kinderarbeit und Diskriminierung) und des Umweltschutzes. Das Unternehmen ebm-papst hat diese Grundsätze zum Beispiel in „Verhaltensregeln für Lieferanten" verankert. Die BASF SE ist bereits 2000 der UN Global Compact-Initiative beigetreten und hat deren zehn Leitsätze zu einem festen Bestandteil ihrer Einkaufsbedingungen gemacht.

Gut gemeinte, ambitionierte Green-Procurement-Standards bleiben allerdings ein stumpfes Schwert, wenn sie nur als Empfehlungen interpretiert werden. Sowohl den Lieferanten als auch innerhalb des eigenen Unternehmens muss klar sein, dass es sich um verbindliche Spielregeln handelt. Das heißt, Green-Procurement-Standards müssen aktiv vermittelt werden.

Ein nicht zu unterschätzender Ansatzpunkt ist dabei die Einkaufsabteilung, die von der Notwendigkeit und den Vorteilen einer nachhaltigen Beschaffungsstrategie überzeugt werden muss.

Bei der Deutschen Telekom wurde die Kooperation zwischen der CR-Abteilung und dem Einkauf institutionalisiert: 2007 wurde die gemeinsame Arbeitsgruppe (Sustainable Procurement Working Group – SPWG) gegründet. Einkäufer des Konzerns absolvieren ein Online-Training, das ihnen Wissen und Sensibilität für das Thema Nachhaltigkeit vermittelt. Auch die Einkäufer des britischen Handelskonzerns Tesco absolvieren Trainingsprogramme für nachhaltige Beschaffungsprozesse.

Portfolioanalyse: Lieferanten auf dem Prüfstand

Sobald die Green-Procurement-Standards definiert sind, sind, ist eine Analyse des Lieferantenportfolios anhand der Kriterien „Bedeutung" und „Risiko" angezeigt, die insbesondere Unternehmen mit einer Vielzahl von Lieferanten und Sublieferanten wertvolle Anhaltspunkte für eine Prioritätensetzung liefert. Gerade sie stellt eine Herausforderung dar, wie das Beispiel der BASF SE deutlich macht: Der Chemiekonzern hat 2009 weltweit für etwa 21,2 Milliarden Euro rund 500.000 verschiedene Rohstoffe, technische Güter und Dienstleistungen eingekauft. Dieses Einkaufvolumen verteilte sich auf circa 6.000 Lieferanten. Für deren Auswahl setzt der Chemiekonzern nicht allein auf ökonomische Kriterien. In den Einkaufsbedingungen der BASF SE sind Umweltschutz-, Arbeitssicherheits- und Sozialstandards verankert.

Allerdings kann der Chemiekonzern sein riesiges, global gespanntes Lieferantennetz nicht engmaschig kontrollieren. Bei der Identifizierung von Risikokandidaten unter seinen Zulieferern verwendet die BASF SE sogenannte Risikomatrizen, in denen die Kriterien Länder-, Produkt- und Branchenrisiken analysiert werden. Potenzielle Risikolieferanten bekommen Besuch: 2009 wurden etwa 140 Rohstofflieferanten sowie 380 Lieferanten für technische Güter, Dienstleistungen und Logistik überprüft. Stellen die BASF-Vertreter bei solchen

Ortsterminen fest, dass die Einkaufsstandards unterlaufen werden, treffen sie genaue Vereinbarungen zur Beseitigung der Mängel.

Es wäre falsch, die Lieferanten-Risiko-Matrix in erster Linie als Instrument zur Ausmusterung von Zulieferern zu betrachten. Es geht vielmehr darum, wichtige Lieferanten dabei zu unterstützen, nachhaltige Standards zu erreichen. Dies erfordert eine enge Kooperation auf bestimmten Handlungsfeldern und kann zur Entwicklung einer stabilen und für beide Seiten gewinnbringenden Partnerschaft führen.

Monitoring: Kontinuierliche Begleitung statt Momentaufnahmen

Für die Evaluation von Lieferanten liefern Momentaufnahmen ein unvollständiges Bild. Stattdessen ist ein kontinuierlicher Abgleich zwischen Soll- und Ist-Zustand erforderlich, der nur durch geeignete Monitoring-Methoden zu leisten ist. Die Deutsche Telekom AG setzt bei der nachhaltigen Beschaffung neben stichprobenartigen „Social Audits" auf E-TASC (Electronics-Tool for Accountable Supply Chains). In dieser webbasierten Anwendung finden die Einkäufer des Konzerns die Selbstauskünfte der Lieferanten zu den Themenfeldern Menschenrechte, faire Arbeitsbedingungen, Arbeits- und Gesundheitsschutz sowie Umweltschutz. Außerdem enthält dieses System alle Daten aus Audits, Lieferantenworkshops sowie Informationen von NGOs. So entsteht ein umfassendes Profil der einzelnen Lieferanten.

Tesco setzt beim Monitoring seiner Zulieferer auf intensive Audits: „We have improved the quality of supplier audits and now have 730 independent auditors around the world. To ensure that audits are representative, we have made a significant shift from announced to surprise audits (where suppliers are given a month window when auditors may visit)."[4]

Es liegt auf der Hand, dass die Kontrolle der Einhaltung sozialer und ökologischer Mindeststandards vor allem bei Zulieferern aus Entwicklungs- und Schwellenländern ein brisantes Thema ist. Einige Konzerne führen Workshops und andere Trainingsmaßnahmen durch, um ihre Lieferanten für Nachhaltigkeitsaspekte zu sensibilisieren. So hat zum Beispiel die BASF SE bereits 2008 „Suppliers Days" in Indien und China veranstaltet. Auch die Deutsche Telekom AG setzt auf das Konzept Wissensvermittlung und veranstaltet für und mit ihren Lieferanten Workshops, etwa zur Energieeffizienz oder nachhaltigen Produktentwicklung. Die Telekom beteiligt sich außerdem – als einziger Partner aus der Industrie – an dem EU-geförderten Projekt „Switch China", das Umweltschutz und Arbeitssicherheit in der chinesischen Elektro- und Elektronikindustrie verbessern soll. Dabei werden in mehr als 500 kleinen und mittelständischen Unternehmen dieser Branche Trainings zu den Themen Öko-Effizienz, Gesundheitsschutz, Arbeitsschutz und gesellschaftliche Verantwortung durchgeführt.

Ultima Ratio:
Schlusspunkt unter riskante
Lieferbeziehungen setzen

Allerdings gibt es auch Erfahrungen, die Grenzen der Kooperation aufzeigen. In solchen Fällen haben Unternehmen, die sich Green-Procurement-Standards verpflichtet haben, nicht nur das Recht, sondern sogar die Pflicht, die Reißleine zu ziehen und die Zusammenarbeit mit Lieferanten zu beenden. Andernfalls setzen sie die eigene Glaubwürdigkeit aufs Spiel. Die Gefahr, einen Imageschaden davonzutragen, ist im Zeitalter des Web 2.0 enorm gewachsen. Über die globale Datenautobahn verbreiten sich tatsächliche oder vermeintliche Verstöße gegen soziale oder ökologische Standards rasant. Erst im Mai musste sich die Metro AG rechtfertigen, als Oxfam den Konzern bezichtigte, in Indien gegen die Mindestlohnbestimmungen und die Gleichbehandlungsvorschrift von Männern und Frauen zu verstoßen.[5]

Auch der Tesco PLC ist bewusst, dass nachhaltige Reputation ein empfindliches Gut ist, das bei Bedarf energisch verteidigt werden will. Ein Beispiel: Als erstes großes Einzelhandelsunternehmen verbannte die britische Handelskette Kleidung und Heimtextilien aus usbekischer Baumwolle aus ihrem Sortiment. Tesco reagierte damit auf Berichte über staatlich erzwungene Kinderarbeit bei der Baumwollernte in Usbekistan.

Auch C&A und H&M fordern inzwischen von ihren Zulieferern eine Garantie, dass in der Kleidung keine Baumwolle aus dem zentralasiatischen Land steckt. Allein auf die Angaben der Lieferanten will sich Tesco jedoch nicht verlassen und hat ein Verfahren entwickelt, mit dem man die Herkunft der Baumwolle zweifelsfrei feststellen kann. Dieses „Track-and-Trace"-Instrument macht es möglich, den Weg der Baumwolle vom Feld bis zum T-Shirt nachzuvollziehen.[6]

Dasselbe Prinzip verwirklichen Wissenschaftler der Bundesanstalt für Geowissenschaften (BGR) in Hannover mit einem anderen Rohstoff: Sie haben einen chemischen „Fingerabdruck" für Coltan entwickelt, der die Herkunft dieses Tantalerzes lückenlos nachweist. Dieses Verfahren ist die Voraussetzung für zertifizierte, transparente Rohstoff-Handelsketten. Coltan ist für die

Produktion von Handys, Laptops und Flachbildschirmen notwendig. Große Lagerstätten dieses Metalls befinden sich in der Demokratischen Republik Kongo.

Allerdings ist in dem zentralafrikanischen Land der Großteil der Coltan-Gewinnung und des Handels in der Hand von Militärs und Rebellen, die mit den Einnahmen ihr Schreckensregime finanzieren. Weil Unternehmen „nicht länger mit ‚Blut-Coltan' in Verbindung gebracht werden wollten", sei das Interesse der Elektronikindustrie und Tantalverarbeiter an diesem chemischen Fingerabdruck sehr groß, erklärt der BGR-Rohstoffexperte Frank Melcher.[7]

Zertifizierung und Umweltlabel: verlässliche Maßstäbe für nachhaltige Beschaffung

Der Aufwand komplexer Monitoring-Systeme oder Audits bleibt Unternehmen, die vor allem mit Zulieferern aus Industrieländern arbeiten, in der Regel erspart. Sie können bei der Auswahl und der Evaluation ihrer Lieferanten auf Zertifizierungen und Umweltlabel zurückgreifen. Hier zeichnet sich der Trend ab, dass solche Gütesiegel bei der Beurteilung von Lieferanten immer wichtiger werden. Landesministerien und Ämter des Landes Nordrhein-Westfalen sind seit Mai 2010 zur „grünen" Beschaffung verpflichtet: Beim Einkauf von Computern, Papier und Fahrzeugen sowie bei Dienstleistungen müssen neben dem Preis nun auch „Aspekte des Umweltschutzes und der Energieeffizienz" grundsätzlich beachtet werden.[8]

Bei der KfW werden Umweltaspekte bei allen Ausschreibungen berücksichtigt. Wie im Nachhaltigkeitsbericht dokumentiert, stellen Umweltzeichen wie Blauer Engel und Energy Star oder Zertifizierungssysteme wie EMAS bzw. ISO 14000 ff. entscheidende Auswahlkriterien dar.[9] Die allgemeinen Einkaufsbedingungen des Geldinstituts legen außerdem an die Auftragsvergabe an Handwerker oder Dienstleistungsunternehmen strenge soziale und ökologische Maßstäbe an, die zum Teil über gesetzliche Vorgaben hinausgehen.

ebm-papst baut gezielt die Zusammenarbeit mit umweltzertifizierten Lieferanten aus. So erfüllen die wichtigsten Lieferanten der Gruppe die Norm ISO 14001.

Bei der Bewertung von Neulieferanten fällt die Zertifizierung stark ins Gewicht. Der Anspruch von ebm-papst ist es, eine „intensive und langfristige Partnerschaft" mit seinen Zulieferern aufzubauen. Diese Haltung setzt die Bereitschaft voraus, dass die Lieferanten ihren Teil zur GreenTech-Strategie des Luft- und Antriebstechnik-Herstellers beitragen. Wie der Vorsitzende der Geschäftsführung der ebm-papst Gruppe, Hans-Jochen Beilke, erklärt, werden die Lieferanten „im Zwei-Jahrestakt angeschrieben, um die Einhaltung der aktuellste Umweltrichtlinien abzufragen." Darauf antwortet nur etwa die Hälfte, diese Lieferanten werden dann allerdings bei der Auftragsvergabe bevorzugt berücksichtigt. Die Priorität, so Hans-Jochen Beilke weiter, liege auf den A- und B-Lieferanten: „Diese sind alle zertifiziert und halten auch die Richtlinien ein."

Kapitel 6

Green Production - Energieeffizienz

„Energieeffizienz bedeutet für Unternehmen mehr als nur Kosteneinsparung. Dank innovativer Produkte, Anlagen und Systeme steigern sie zugleich auch ihre Wettbewerbsfähigkeit und können neue Geschäftsfelder erschließen. Und sie können sich im Emissionshandel besser aufstellen, da sie weniger CO_2-Zertifikate benötigen."

Stephan Kohler
Vorsitzender der Geschäftsführung Deutsche Energie-Agentur GmbH

*I*m Jahr 2009 betrug der Energiebedarf der EU-25-Staaten etwa 1,73 Millionen Tonnen Roböleinheiten.[1] In Deutschland lag der Endenergieverbrauch 2008 bei 219 Millionen Tonnen Roholeinheiten;[2] davon wurden 29 Prozent in der Industrie verwendet, auf Gewerbe, Handel und Dienstleistungen entfiel ein Anteil von 15,4 Prozent.[3] Diese Relationen zeigen deutlich: Die Wirtschaft nimmt bei der Senkung des Energiebedarfs – und damit bei der Reduktion der CO_2-Emissionen – eine Schlüsselposition ein.

Energieeffizienz und die Erhöhung des Anteils der erneuerbaren Energien im globalen Energiemix sind die wichtigsten Waffen im Kampf gegen den Klimawandel. Diese beiden Hebel sind auch die tragenden Säulen in der Energiepolitik der Europäische Union, um die vereinbarte Minderung der CO_2-Emissionen zu erreichen: Bis 2020 soll in Bezug auf das Basisjahr 1990 der Anteil der erneuerbaren Energien am Endenergieverbrauch auf 20 Prozent steigen; die Energieeffizienz soll sich um 20 Prozent erhöhen.[4]

Da die Energieintensität in den Industrieländern tendenziell abnimmt, bedeutet eine Verbesserung der Energieeffizienz unterm Strich eine Senkung des Energieverbrauchs. Und da der Energiesektor einen erheblichen Anteil der CO_2-Emissionen verursacht – in den

EU-Staaten knapp 60 Prozent – ist die Energieeffizienz ein zentrales Handlungsfeld für den Klimaschutz.[5]

Seit Beginn der 1990er Jahre sind die Anstrengungen zur Verbesserung der Energieeffizienz verstärkt worden. Ein Indikator dafür ist die Entkopplung von Wirtschaftsleistung und Energieverbrauch: Zwischen 1991 und 2008 hat der Primärenergieverbrauch in Deutschland um 2 Prozent abgenommen;[6] das Bruttoinlandsprodukt ist im selben Zeitraum preisbereinigt um 29 Prozent gewachsen.[7] Die Energieintensität – also die Relation zwischen Energieverbrauch und Wertschöpfung – ist also deutlich gesunken.

Einige Studien unternehmen den Versuch, das volkswirtschaftliche Einsparpotenzial einer verbesserten Energieeffizienz zu quantifizieren. Trotz unterschiedlicher Annahmen und Ergebnissen im Detail stimmen sie in einer Aussage überein: Schon mit der heute verfügbaren Technologie kann in Deutschland und Europa der Endenergieverbrauch um rund 20 bis 30 Prozent reduziert werden – unter der Voraussetzung, dass bei der Sanierung oder dem Ersatz von Anlagen und Geräten energieeffiziente Lösungen zum Einsatz kommen.[8]

Nach einer Berechnung des Wuppertal Instituts lassen sich in Deutschland bis 2020 etwa 110 Terawattstunden Strom einsparen, das entspricht 18 Prozent des Bruttostromverbrauchs im Jahr 2005.[9]

Die Vorteile der Energieeffizienz für den Klimaschutz und die Volkswirtschaft sind offensichtlich: niedrigere Kosten, weniger Abhängigkeit von (endlichen) fossilen Ressourcen und geringere CO_2-Emissionen. Dieser dreifache Nutzen zeigt sich nicht nur aus der makroökonomischen Perspektive, sondern lässt sich auf Unternehmen übertragen. Mehr Energieeffizienz bedeutet mehr Wettbewerbsfähigkeit, und zwar über mehrere Hebel. Die Senkung des Energieverbrauchs entlastet Unternehmen auf der Kostenseite. Gleichzeitig sinkt die Empfindlichkeit gegenüber Preissteigerungen und -schwankungen der fossilen Energieträger. Die Senkung der CO_2-Emissionen verbessert ebenfalls die Wettbewerbsposition, denn die CO_2-Bilanz entwickelt sich zu einem zunehmend wichtigeren Differenzierungsmerkmal auf dem Markt.

Allerdings werden solche Potenziale noch längst nicht von allen Unternehmen ausgeschöpft. Die Gründe dafür sind vielschichtig: Zum einen mangelt es an Informationen, an welchen Stellen und wie sich Energie wirtschaftlich einsparen lässt. Zum anderen fehlt es teilweise an der nötigen Markttransparenz und Anreizen für die Anschaffung energieeffizienter Maschinen und Anlagen: Amortisationszeiten sind häufig so kurz bemessen, dass sich energieeffiziente Investitionen im ökonomisch relevanten Zeitraum nicht rechnen. Außerdem werden betriebswirtschaftliche Tools für eine Lebenszyklusanalyse immer noch zu wenig eingesetzt.

Das Konjunkturtief 2009 war ein zusätzlicher Bremsfaktor für Investitionen in Energieeffizienz: „Aufgrund der Wirtschaftskrise investieren in Deutschland nur noch 30 Prozent der produzierenden Unternehmen in Energieeffizienz. Vor der Krise waren es fast doppelt so viele." – so das Ergebnis einer Umfrage, die die Deutsche Energie-Agentur GmbH (dena) im Oktober 2009 durchführte. Die Studie zeigte aber auch das Bewusstsein für die wachsende Bedeutung des Themas: Der Stellenwert von Energieeffizienz ist für fast jedes dritte Unternehmen gestiegen.[10] Ähnliche Tendenzen zeigt eine Befragung der KfW. „Zwei von drei der befragten

Unternehmen sehen Möglichkeiten, den Energieverbrauch zu senken – und haben teilweise auch bereits Maßnahmen umgesetzt. Bei vielen besteht jedoch das Problem: Sie möchten gerne, wissen aber nicht wie. Es fehlen Know-how, Personal und Geld", erklärt Umweltvorstand Dr. Axel Nawrath. Die Förderbank hat darauf mit dem „Sonderfonds Energieeffizienz in KMU" reagiert. Er unterstützt die Unternehmen nicht nur mit günstigen Investitionskrediten, sondern auch mit Zuschüssen für eine professionelle Energieberatung.

Der Verschwendung den Kampf ansagen

Der Weg zu einer verbesserten Energieeffizienz sollte für jedes Unternehmen mit zwei (scheinbar) einfachen Fragen beginnen: „Wo stehen wir beim Energieverbrauch?" und „Wohin wollen wir?" Die erste Frage erfordert eine Standortbestimmung, die den Prozess der Leistungserstellung im Unternehmen kritisch hinterfragt. Das bedeutet vor allem eine intensive Fahndung nach „Waste" im Produktionsprozess, also nach Überproduktion, unnötiger Bewegung, Ausschuss, Wartezeiten etc. Die Antwort auf die zweite Frage ergänzt diese Analyse des Status quo um eine strategische Dimension, indem sie die Perspektive der Nachfrageseite einnimmt: Bei dieser sogenannten „Öko-Effizienzanalyse", die bei Roland-Berger-Projekten zum Einsatz kommt, werden die ökologischen und ökonomischen Vorteile einer energieeffizienten Produktion aus der Sicht des Kunden beurteilt und quantifiziert. Auf diese Weise zeigt dieses Instrument die Auswirkungen effizienterer Produktionsprozesse auf und weist dem Unternehmen den Weg zu einer besseren Positionierung im Wettbewerb.

Die wichtigsten Hebel zur Steigerung der Energieeffizienz sind die Optimierung der Prozessabläufe und der Einsatz neuer Technologien. Dabei empfiehlt sich – egal in welcher Branche – das Prinzip „think big": „Die höchsten Einsparungen können Unternehmen erzielen, wenn sie nicht nur einzelne Komponenten optimieren, sondern das Gesamtsystem", so Stephan Kohler.[11] Ein unverzichtbares Instrument ist dabei das Energiemanagement. Ziel ist es, den Energieeinsatz in allen Bereichen und bei allen Prozessen eines Unternehmen unter ökonomischen und ökologischen Gesichtspunkten zu optimieren. Es umfasst alle Aktivitäten, die der Steigerung der Energieeffizienz dienen. Die Implementierung eines Energiemanagements verschafft einem Unternehmen erhebliche Vorteile, dazu gehören vor allem sinkende Energiekosten, Versorgungssicherheit sowie die Minderung der CO_2-Emissionen. Die folgenden Beispiele der ebm-papst Gruppe und der Viessmann Werke zeigen Ansätze für die Steigerung der Energieeffizienz, die in die Nachhaltigkeitsstrategie der beiden Unternehmen integriert sind.

„Grüne Produkte aus ‚grüner' Produktion" – dieser Leitsatz ist bei der ebm-papst Gruppe fester Bestandteil ihrer Unternehmenspolitik; dazu gehört, Umweltschutz und technischen Fortschritt als untrennbare Einheit zu betrachten. Dieses Prinzip wurde beim Bau des 2008 fertiggestellten Montagewerkes in Hollenbach umgesetzt.

In der neuen Fabrik, etwa vier Kilometer von der Unternehmenszentrale in Mulfingen (Baden-Württemberg) entfernt, werden vor allem hocheffiziente EC-Ventilatoren produziert. Das Industriegebäude begeistert durch ein Energiekonzept, das auf der Nutzung der beim Produktionsprozess entstehenden Abwärme basiert: Beim Betrieb von Drehmaschinen, Robotern und Kompressoren entsteht Wärme, die von einem Lüftungssystem unter der Hallendecke gesammelt wird. Als Wärmespeicher dient das Wasser der Sprinkleranlage. Im Winter wird mit dieser Abwärme geheizt; steigt die Außentemperatur im Sommer über 24 Grad, wird die Energie zur Kühlung verwendet.

Der Wärmebedarf des Werks in Hollenbach von circa 750.000 Kilowattstunden pro Jahr kann auf diese Weise komplett gedeckt werden. Eine Photovoltaikanlage auf dem Fabrikdach ergänzt das Energiekonzept, dessen Bilanz in jeder Hinsicht überzeugt: Die Investitionen für den Neubau lagen bei 15 Millionen Euro, die zusätzlichen Kosten für die Abwärmenutzung beliefen sich dabei auf 60.000 Euro. Dem stehen jährliche Einsparungen in Höhe von 87.485 Euro gegenüber – und 300 Tonnen weniger CO_2-Emissionen.[12]

ebm-papst holte sich mit dem „grünen" Werk in Hollenbach 2009 den ersten Platz des internationalen Energy Efficiency Award. Diese Auszeichnung vergibt die dena (Deutsche Energie-Agentur GmbH) zusammen mit dem Bundesministerium für Wirtschaft und Technologie, der Deutschen Messe und der DZ BANK AG jedes Jahr auf der Hannover Messe für besonders vorbildliche Effizienzprojekte. Die Jury betrachtet die Fabrik in Hollenbach als wichtiges Referenzprojekt: Es sei übertragbar auf andere produzierende Unternehmen „mit großen inneren Wärmelasten in den Werkshallen".[13]

2010 waren die Viessmann Werke GmbH & Co KG die Gewinner der renommierten Auszeichnung. Mit dem Modellvorhaben „Effizienz Plus" setzt das Unternehmen ein Signal, „was jedes Unternehmen und jeder Haushalt für den Klimaschutz und für die Minderung der eigenen Energiekosten tun kann." An seinem Stammsitz in Allendorf (Hessen) will Viessmann zeigen, „dass mit auf dem Markt verfügbarer Technik bereits heute die Klimaschutzziele von morgen erreicht werden können".[14]

Gleichzeitig werde die Wettbewerbsfähigkeit gestärkt und der Standort gesichert. Derart motiviert begannen die Viessmann Werke – einer der weltweit führenden Hersteller von Heiztechnik-Systemen mit fast 9.000 Mitarbeitern und Produktionsstätten in acht Ländern – 2006 mit der energetischen Optimierung des Werkes in Allendorf.

Nach einer gründlichen Analyse der Energie-, Ressourcen- und Arbeitseffizienz wurde das Werk im Rahmen eines strategischen Energiemanagements völlig neu ausgerichtet. Wesentlicher Baustein war dabei die energetische Modernisierung der technischen Anlagen und der Gebäudehüllen.

Das Herzstück dieses Konzepts ist ein Energieverbundsystem, das alle Abwärmeströme entweder zur Erwärmung des Heizungswasser oder zur Kühlung im Produktionsprozess bzw. des Rechenzentrums nutzt. Dieses Verbundsystem spart fast 600.000 Euro Energiekosten pro Jahr bei Investitionen in Höhe von 3,2 Millionen Euro. Der Teil des Strombedarfs, der nicht aus der Abwärme gedeckt werden kann, wird im eigenen Werk durch eine Biogasanlage und ein ORC-Kraftwerk erzeugt. Dieser ganzheitliche Ansatz bei der energetischen Modernisierung eines Werks wurde mit dem Energy Efficiency Award 2010 ausgezeichnet.

Die Jury würdigte dabei besonders die „Doppelstrategie aus Effizienzsteigerung und Substitution fossiler Energieträger durch erneuerbare Energien".[15] Dieser Ansatz entspricht der Produktpolitik der Viessmann

Werke, die auf die Kombination von energieeffizienter Technik und regenerativen Energien setzt.

Handlungsfelder für mehr Energieeffizienz

Jedes Unternehmen wird auf Basis der Öko-Effizienzanalyse „seine" Schwerpunkte bei der Senkung des Energiebedarfs identifizieren und entsprechende Prioritäten setzen. Um einen Überblick über geeignete Maßnahmen zu vermitteln, werden hier die wichtigsten Handlungsfelder bei der Verbesserung der Energieeffizienz skizziert: innovative Technologien und Dienstleistungen, Prozessoptimierung, Green IT, Logistik sowie nachhaltiges Immobilienmanagement.

Innovative Technologien und Dienstleistungen

Innovative Technologien und neue Produkte leisten einen maßgeblichen Beitrag zur Steigerung der Energieeffizienz. Zentrale Hebel für die Senkung des Energiebedarfs in Industrie und Gewerbe sind Querschnittstechnologien wie Pumpen, Motoren, Druckluftsysteme sowie Mess-, Steuer- und Regeltechnik. Die Deutsche Energie-Agentur sieht in diesen Bereichen erhebliche Potenziale für die Senkung des Stromverbrauchs.

Nach ihren Schätzungen könnten Betriebe ihren Strombedarf um 5 bis 50 Prozent senken. Und mit Amortisationszahlen von weniger als zwei Jahren und hohen Kapitalrenditen von mehr als 25 Prozent seien die meisten Energieeffizienzmaßnahmen „sehr attraktiv für Unternehmen". Um die Energieeffizienz im Gebäudesektor voranzutreiben, spielen Isolierbaustoffe und Gebäudetechnik eine wichtige Rolle, zum Beispiel Wärmedämmsysteme sowie Heiz- und Kühlsysteme. Auch Dienstleistungen können wesentlich zur Verbesserung der Energieeffizienz beitragen, etwa Energie-Contracting oder Energieberatung.

Prozessoptimierung

Durch die Optimierung der Produktionsprozesse lässt sich der Energieverbrauch erheblich reduzieren. Die BASF SE hat sich als Ziel gesetzt, bis 2020 die Energieeffizienz ihrer Produktionsprozesse auf Basis des Jahres 2002 um 25 Prozent zu verbessern. Bei der Verwirklichung dieses Plans setzt der Chemiekonzern auf drei Hebel: effiziente Energieerzeugung, Einsparungen durch Energieverbund sowie Energiemanagement.

Allein an den sieben größten Produktionsstätten in Asien wurden Einsparpotenziale von circa 25 Millionen Euro identifiziert. Die im Jahr 2009 ergriffenen Effizienzmaßnahmen in Nordamerika senken die Energiekosten um 4 Millionen Euro.[16] Die Gas- und Dampfturbinen in Kraft-Wärme-Kopplungsanlagen erreichen einen Wirkungsgrad von fast 90 Prozent und decken etwa 75 Prozent des gesamten Strombedarfs der BASF SE. Auf diese Weise wird die Energieeffizienz bei der Energieerzeugung sichergestellt.

Die Kraft-Wärme-Kopplung gilt als besonders umweltfreundliche Technologie: Bei der BASF SE spart ihr Einsatz fast 1 Million Tonnen Rohöläquivalent pro Jahr ein, das entspricht 2,2 Millionen Tonnen CO_2-Emissionen. Das Verbundsystem nutzt die bei der Produktion entstehende Prozesswärme als Energie. Dadurch wird ein CO_2-Ausstoß von 3,4 Millionen Tonnen jährlich vermieden.[17]

Green IT

Die Informations- und Kommunikationstechnologie (IKT) hat in den letzten Jahrzehnten in vielen Branchen Quantensprünge des technischen Fortschritts ausgelöst und die Voraussetzungen für völlig neue Geschäftsmodelle geschaffen. IKT-Produkte und Dienste sind zum Rückgrat moderner Wirtschaftssysteme geworden. Auch im Bereich Energieeffizienz spielt IKT eine Schlüsselrolle, und zwar in zwei Dimensionen: Unter dem Stichwort „Green durch IT" können IKT-Lösungen wesentlich zur Verminderung von CO_2-Emissionen beitragen, vor allem durch Dematerialisierung, also den Ersatz physischer durch digitaler Güter, durch die intelligente Steuerung von Stromnetzen und Stromversorgung oder bei der Gebäudeautomatisierung (etwa intelligente Beleuchtungssysteme oder Klimatechnik).

„Green in der IT" befasst sich mit der energie- und materialeffizienten Herstellung und Nutzung von IKT-Geräten wie PCs, Notebooks, Mobiltelefonen etc. und der Infrastrukturen wie Mobilfunknetze und Rechenzentren. Nach Schätzungen verursachte der Stromverbrauch von IKT-Geräten und Infrastrukturen während der Betriebsphase 2007 weltweit Emissionen von 2,1 Milliarden Tonnen CO_2e. Im selben Jahr lag der IKT-bedingte Stromverbrauch in Deutschland[18] bei rund 55 Terawattstunden (45 Prozent mehr als 2001), das entspricht etwa einem Zehntel des gesamten Stromverbrauchs in Deutschland. Die Endgeräte in Privathaushalten wie Computer, mobile Geräte, Telefone etc. haben 2007 etwa 33 Terawattstunden Strom verbraucht, IKT-Geräte in Unternehmen und Behörden circa 6,8 Terawattstunden.[19] Wie eine Studie des Umweltbundesamtes (UBA) vorrechnet, haben Server und Rechenzentrum 2008 in Deutschland 10,1 Terawattstunden Strom für rund 1,1 Milliarden Euro verbraucht.[20]

Ohne deutliche Verbesserung der Energieeffizienz läge der Stromverbrauch deutscher Rechenzentren im Jahr 2013 bei 14,86 Terawattstunden – mit entsprechend höheren Stromrechnungen für die Betreiber. Das UBA-Papier zeigt allerdings eine Alternative zu diesem Business-as-usual-Szenario auf: „Werden allerdings von Seiten der Wirtschaft und der Politik zusätzliche Effizienzsteigerungsmaßnahmen ergriffen und ein

Teil der heute bereits verfügbaren Best-Practice-Lösungen zumindest bei rund der Hälfte aller Rechenzentren angewendet, so ließe sich eine Senkung des Stromverbrauchs von rund 10 Prozent erzielen. Sollte dieses „Moderate Effizienzsteigerung"-Szenario eintreten, würde der Stromverbrauch deutscher Rechenzentren auf 9,14 Terawattstunden in 2013 sinken."[21]

Diese Botschaft kommt bei immer mehr Unternehmen an. Für die Deutsche Telekom AG ist das Thema „Green IT" schon lange wichtiger Bestandteil ihrer Nachhaltigkeitsstrategie. Der Konzern ist bestrebt, die Energiebilanz seiner Netze und IT-Infrastruktur zu verbessern. So hat T-Mobile 2007 bei über 20.000 Mobilfunkstationen das Global System for Mobile Communications (GSM)-Netz eingeführt; es befördert Daten-Pakete wie E-Mails oder Bilder nicht nur schneller, sondern verbraucht dabei auch bis zu 40 Prozent weniger Energie.

Neuland betritt die Telekom mit einer biogas-betriebenen Brennstoffzelle, die im Münchener Rechenzentrum von T-Systems Rechner und Kühlungssysteme 100-prozent klimaneutral mit Energie versorgt. Ein „grünes Rechenzentrum" arbeitet seit 2008 in Singapur: Dort sorgen wasserbasierte Kühlungssysteme für energieeffiziente und umweltfreundliche Klimatisierung.[22]

Logistik

Logistik gehört zum Kerngeschäft der Deutschen Post DHL. Der Konzern hat sich das Ziel gesetzt, seine CO_2-Effizienz bis 2020 um 30 Prozent gegenüber 2007 zu verbessern. Das heißt, die Emissionen pro transportiertem Brief, Päckchen oder je beförderter Tonne sollen um fast ein Drittel reduziert werden. Wichtiger Baustein dieses Vorhabens ist die Optimierung der Luftflotte, die Briefe und Waren innerhalb des 220 Länder umspannenden DHL Expressnetzes transportiert und dabei den größten Teil der direkten CO_2-Emissionen der Deutschen Post AG verursacht.

2009 hat der Konzern seine Luftflotte von 229 auf 136 Flugzeuge verkleinert; ausgemustert wurden vor allem ältere Flugzeugtypen, sodass der Anteil neuerer Modelle gestiegen ist, die weniger Schadstoffe und Lärm emittieren. Die Effizienzsteigerung der aus 120.000 Fahrzeugen bestehenden Straßenflotte ist ebenfalls ein wichtiges Mittel, um die CO_2-Bilanz zu verbessern. Ein

Beispiel: Bis 2013 werden 4.500 von 7.500 der Paketzustellfahrzeuge der Deutschen Post gegen neue Modelle ausgetauscht, die derzeit zu den umweltfreundlichsten Modellen ihrer Klasse auf dem Markt zählen.[23]

Um die CO_2-Emissionen ihrer Logistikkette zu reduzieren, setzt die Rewe Group bei der Belieferung ihrer Märkte auf IT-Unterstützung. Sie sorgt für die größtmögliche Transporteffizienz, weil die Auslastung der Fahrzeuge bei mehr als 90 Prozent liegt. In der Lkw-Flotte ersetzen schadstoffarme Fahrzeuge der jüngsten Technik-Generation Vorgängermodelle mit niedriger Schadstoffklasse.[24] Mit ihrer seit April 2009 gültigen Green-Car-Policy will die Deutsche Telekom AG den ökologischen Umbau ihrer Konzernflotte voranbringen: Bis Ende 2015 sollen die CO_2-Emissionen der Fahrzeuge bei durchschnittlich 110 Gramm pro Kilometer und damit deutlich unter der EU-Norm liegen.[25]

Nachhaltiges Immobilienmanagement

Die Gebäudewirtschaft zählt in Deutschland und anderen Industrieländern zu den größten Verursachern von

Treibhausgasemissionen: Durch den Energieverbrauch bei der privaten und gewerblichen Nutzung von Gebäuden, etwa durch Beleuchtung und Heizung, sind 2007 in Deutschland 331 Millionen Tonnen CO_2e entstanden, das entspricht rund einem Drittel des gesamten CO_2e Ausstoßes.[26]

Eine Minderung der Emissionen im Gebäudesektor lässt sich durch die Kombination von Maßnahmen zur Senkung des Energieverbrauchs und zur Steigerung der Energieeffizienz erreichen, zum Beispiel durch Dämmung, Erneuerung der Heiz- und Klimatechnik und Beleuchtungskonzepte. Der Einsatz energieeffizienter Technologien in der Gebäudewirtschaft ergibt nach Berechnungen der BDI-Klimastudie ein Vermeidungspotenzial von 63 Millionen Tonnen CO_2e bis 2020.[27] Eine Reihe von Unternehmen hat die Bedeutung des Immobilienmanagements als wichtiger Bestandteil einer Nachhaltigkeitsstrategie bereits erkannt, wie die folgenden Beispiele der Rewe Group, der Commerzbank AG und der Deutschen Bank AG zeigen.

Mit dem umwelt- und ressourcenschonenden Neubau und Umbau von Märkten will die Rewe Group zur

Steigerung der Energieeffizienz beitragen. Ihr „Leuchtturmprojekt" ist der im November 2009 eröffnete Supermarkt in Berlin-Rudow. Er verbraucht etwa halb so viel Energie wie ein Standardbau – der Einsatz innovativer Heizungs-, Klima- und Lüftungstechnik in Verbindung mit bester Dämmung macht es möglich. Etwa 40 Prozent seines Energiebedarfs produziert der circa 1.800 Quadratmeter große Supermarkt selbst. Auf dem Dach befindet sich eine Photovoltaikanlage.

Das „Fensterband" um die Markthalle und Lichtkuppeln auf dem Dach lassen Tageslicht in die Räume, was die Stimmung der Kunden und Verkäufer hebt und den Energiebedarf senkt. Dieses „Green Building" erhielt als erster Supermarkt Deutschlands von der Deutschen Gesellschaft für Nachhaltiges Bauen das Gold-Zertifikat. Vom Handelsverband Deutschland (HDE) wurde der „grüne" Rewe-Markt in der Kategorie „Food" zum „Store of the year 2010" gekürt.[28]

Die Commerzbank AG will ihre Treibhausgasemissionen bis 2011 gegenüber dem Basisjahr 2007 um 30 Prozent verringern. Schritt für Schritt soll das Ziel der Klimaneutralität erreicht werden. Die Nachhaltigkeit der Immobilien hat einen hohen Stellenwert im Rahmen der Klimastrategie des Geldinstituts: „Hier hat das Corporate Real Estate Management eine besondere Verantwortung, die ökonomischen und ökologischen Aspekte in Einklang zu bringen und langfristig Wert zu schaffen", wie Roland Holschuh, Bereichsleiter der Corporate Real Estate Management bei der Commerzbank betont.[29]

Das Hochhaus der Commerzbank-Zentrale in der Frankfurter Innenstadt erhielt 2009 den „Green Building Preis" der Stadt Frankfurt/Main. Das 1997 fertiggestellte, 259 Meter hohe Gebäude nutzt ein natürliches Lüftungssystem: Die Fassade besteht aus zwei Schalen, zwischen denen die Luft frei zirkulieren kann. Seit Januar 2008 wird das Hochhaus ausschließlich mit Strom aus erneuerbaren Energien versorgt. „Diese Umstellung hat unsere strombedingten CO_2-Emissionen in Frankfurt um knapp 14 Prozent und in Deutschland um 6 Prozent verringert", freut sich Frank Annuscheit, Chief Operating Officer der Commerzbank.[30]

Als „globaler Unternehmensbürger" bekennt sich auch die Deutsche Bank AG zum Klimaschutz und will ihren ökologischen Fußabdruck deutlich verringern. Ein wichtiger Baustein dieser Strategie ist die Erneuerung der Deutschen Bank Zentrale in Frankfurt am Main. Diese größte Gebäudesanierung Europas, die 2010 abgeschlossen sein soll, bringt die 155 Meter hohen Doppeltürme im Frankfurter Westend in die Liga der umweltfreundlichsten Hochhäuser der Welt. In die „Greentowers" investiert die Deutsche Bank rund 200 Millionen Euro und will damit ein „weithin sichtbares Zeichen für eine ressourcenschonende und zugleich hochwertige Arbeitswelt" setzen und ein „Leitbild für Nachhaltigkeit von globaler Bedeutung" schaffen.[31]

Die Sanierung der 1984 bezogenen Konzernzentrale basiert auf einem ganzheitlichen Ansatz, der Energieeffizienz, Nutzerkomfort und Lebenszykluskosten berücksichtigt. Die Umgestaltung der Zwillingstürme zum „Green Building" soll beweisen, dass sich die Grundsätze des nachhaltigen Bauens auch bei Bestandsimmobilien verwirklichen lassen. Nach ihrer Rundumerneuerung werden die „Greentowers" ein fast CO_2-neutrales Gebäude sein: Geplant sind CO_2-Einsparungen von fast 90 Prozent, die durch die Reduzierung des Energiebedarfs und die Nutzung erneuerbarer Energien realisiert werden sollen. Ein neues Wassermanagementsystem wird den Frischwasserverbrauch in den „Greentowers" drastisch senken: Maßnahmen wie hausinternes Wasserrecycling und Regenwassernutzung sorgen für Wassereinsparungen von 44.000 Kubikmetern pro Jahr.

Kapitel 7

Green Production
- Rohstoffeffizienz

„Besonders in wirtschaftlich schweren Zeiten bringt materialeffizientes Wirtschaften die Unternehmen auf die Siegerstraße. Gerade mittelständische Unternehmen können so ihre Leistungs-und Wettbewerbsfähigkeit weiter steigern. Mir liegt sehr daran, dass wir noch stärker die öffentliche Aufmerksamkeit darauf lenken."

Rainer Brüderle
Bundeswirtschaftsminister

„Ressourcenknappheit" war in den 1980er und 1990er Jahren kein gängiger Begriff in Managerkreisen, schon gar nicht in Verbindung mit bergbaulichen Rohstoffen. Diese waren ausreichend vorhanden und deshalb bezahlbar. Those were the days – inzwischen hat sich die Situation auf den Rohstoffmärkten dramatisch verändert.[1]

Seit der Jahrtausendwende haben sich die Preise für Nichteisen-Metalle (Kupfer, Aluminium, Zink, Bronze, Messing usw.) verdoppelt, Eisenrohstoffe (Eisenerz und Stahlschrott) kosten fast vier Mal so viel wie im Jahr 2000.[2] In dieser Preisentwicklung, die 2008 ihren (vorläufigen) Höhepunkt erreichte, spiegelt sich das strukturelle Ungleichgewicht aus einer rasant gestiegenen Nachfrage und einem knappen Angebot wider.

Das Tiefpreisniveau der 1990er Jahre bot wenig Anreize, in die Exploration neuer Lagerstätten oder den Ausbau vorhandener Kapazitäten zu investieren. Im Gegenteil: Teilweise wurden sogar Bergwerke geschlossen, um durch die Reduzierung des Angebots den freien Fall der Preise zu bremsen. Vor diesem Hintergrund war die Angebotsseite schlecht gerüstet für den 2003 einsetzenden Nachfrageboom.

Der weltweite Konjunkturaufschwung trieb den Rohstoffbedarf nach oben, vor allem in der Volksrepublik China, Brasilien, Indien und anderen Schwellenländern. Ein paar Zahlen zeigen die Größenordnungen dieser Entwicklung: Zwischen 1986 und 2006 sind die Rohstoffimporte Chinas um das Zwanzigfache angestiegen.[3] Die Volksrepublik hat 2007 rund 90 Prozent der Weltkupferproduktion aufgekauft.

Das Turbowachstum der chinesischen Städte löste einen Bauboom aus, der die Nachfrage nach Rohstoffen steil nach oben trieb; in China wurde 2007 etwa die Hälfte der Weltzementproduktion verbaut. Das enorme Tempo der Industrialisierung heizt den Rohstoffbedarf ebenfalls an: Jeweils knapp ein Drittel der Kohle- und Eisenerzförderung sowie der Stahlproduktion und rund ein Fünftel der weltweiten Aluminiumproduktion wurden 2007 in der Volksrepublik China verbraucht.

Der Rohstoffhunger der Volksrepublik wird weiterhin groß bleiben: Im „4 Billionen Konjunkturprogramm", das China im November 2008 aufgelegt hat, um sich gegen die Folgen der Wirtschafts- und Finanzkrise zu wappnen, sind 1.500 Milliarden RMB[4] für Transport- und Infrastrukturprojekte vorgesehen – und deren Umsetzung erfordert einen gigantischen Rohstoff-Input. Die Preisbildung auf den Rohstoffmärkten wird nicht allein durch die steigende Nachfrage beeinflusst, sondern auch durch die Konzentration auf der Anbieterseite: So fördern die größten zehn Bergbauunternehmen der Welt fast 36 Prozent der bergbaulichen Rohstoffe.[5] Für einzelne Metalle ist die Konzentration so ausgeprägt, dass die Bezeichnung Oligopol gerechtfertigt erscheint: 77 Prozent der weltweiten Platinförderung stammen aus Südafrika;[6] aus chilenischen Lagerstätten kommen 36 Prozent der globalen Kupferförderung[7] und knapp 60 Prozent des weltweit geförderten Lithium.[8]

Ein weiterer Faktor sorgt langfristig für steigende Preise auf den Rohstoffmärkten – die physische Begrenztheit der natürlichen Rohstoffvorkommen. Verknappung bedeutet in diesem Kontext nicht zwangsläufig, dass die Förderstätten leer geräumt sind. Knappheit ist hier keine absolute Größe, sondern ein relativer Begriff: Wenn von Rohstoffreserven die Rede ist, geht es „um die erfassten und unter derzeitigen wirtschaftlichen und technischen Rahmenbedingungen abbaubaren Vorräte."[9] Aus den Rohstoffreserven und der Jahresförderung ergibt sich die sogenannte statische Reichweite von Rohstoffen. Sie wird derzeit für Uran mit 70 Jahren, für Kupfer mit 34 Jahren und für Zink mit 26 Jahren angegeben. Bei steigender Nachfrage – und entsprechend hohem Preisniveau – verschieben sich die ökonomischen Kriterien: Dann lohnt sich die Ausbeutung solcher Lagerstätten, die vorher nicht rentabel waren, und Investitionen in neue Förderstätten.

Dieser Mechanismus erklärt die Schwankungen bei den Angaben über Rohstoffreserven. Fest steht jedoch, dass die Gewinnung von Rohstoffen immer teurer wird. Im Zusammenspiel mit der zunehmenden Nachfrage wird das Preisniveau also mittel- und langfristig weiter steigen, auch wenn die Wirtschafts- und Finanzkrise im ersten Halbjahr 2009 für eine tiefe Delle in der Nachfrage- und Preisentwicklung gesorgt hat.

Der Preisauftrieb auf den internationalen Rohstoffmärkten bedeutet eine schwere Bürde für die deutsche Wirtschaft, besonders für die Industrie. Die Ausgaben für Material stellen im Produzierenden Gewerbe mit über 40 Prozent den größten Kostenblock dar. Zum Vergleich: Der Anteil der Personalkosten liegt bei 18 Prozent.[10]

Um seinen Rohstoffbedarf zu decken, ist Deutschland überwiegend auf Importe angewiesen. Metallische Rohstoffe wie beispielsweise Eisenerz, Kupfer, Nickel oder Kobalt muss die deutsche Industrie zu 100 Prozent aus dem Ausland einführen. Diese hochgradige Abhängigkeit macht verwundbar: Zum einen sind deutsche Unternehmen extrem anfällig für die Preisentwicklung auf den globalen Märkten, zum anderen besteht ein gewisses Versorgungsrisiko.

Was der abstrakte Begriff „Abhängigkeit von Rohstoffimporten" konkret bedeutet, schilderte Dr. Hans-Joachim Konz, Mitglied des Vorstandes der Schott AG, in der „Wirtschaftswoche". Der Technologiekonzern mit Stammsitz in Mainz benötigt für die Herstellung hochbrechender Kameralinsen das Metall Lanthan. Mit einem Anteil von bis zu 97 Prozent des globalen Bedarfs sind chinesische Staatsunternehmen quasi Monopolisten. Die sogenannten Seltenerdmetalle – zu dieser Gruppe gehören neben Lanthan weitere 16 Elemente – werden unter anderem für Metalllegierungen, Supraleiter und Spezialgläser benötigt.

Hightech-Produkte mit diesen Bestandteilen will die

Volksrepublik China aber gern im eigenen Land produzieren und exportieren. Die Beschaffung von Rohstoffen zu erschweren, ist eine Waffe im Kampf gegen unliebsamen Konkurrenten auf den Weltmärkten, Exportzölle und eine gezielte Verknappung des Angebots sind dabei probate Mittel. „Müssen wir Rohstoffe auf Dauer teurer einkaufen als Wettbewerber aus China oder wird am Ende die Versorgung unsicher, können wir manche Produkte nicht mehr fertigen", erklärte Hans-Joachim Konz gegenüber der „Wirtschaftswoche".[11]

Das Beschaffungsmanagement bei Rohstoffen stellt auch die Leoni AG vor Herausforderungen. Als System- und Entwicklungslieferant für Draht, Kabel und Bordnetzsysteme bekommt das Unternehmen mit Stammsitz in Nürnberg und 50.000 Mitarbeitern in 36 Ländern weltweit die Preisentwicklung von Rohstoffen empfindlich zu spüren, vor allem bei Kupfer. Dieses Metall steckt in den Erzeugnissen vieler Branchen, von der IT-Hardware über die Automobilindustrie bis zum Bausektor.

Eine besonders wichtige Rolle spielt Kupfer in der Elektrotechnik, wo es unter anderem für Drähte, Kabel und integrierte Schaltungen gebraucht wird. Der Kupferpreis gilt als eine Art Konjunkturbarometer – und unterlag deshalb in den letzten Jahren starken Schwankungen, die durch Spekulationen und die Wirtschafts- und Finanzkrise noch verstärkt wurden: Anfang März 2008 notierte der Kupferpreis an der Londoner Metallbörse (LME) bei 5,88 Euro/Kilogramm, Mitte Dezember bei 2,05 Euro/Kilogramm.[12] Im Mai 2010 lag der Kupferpreis für ein Kilogramm an der LME bei 5,47 Euro. Bei einem Jahresverbrauch von rund 100.000 Tonnen Kupfer kann man sich ausrechnen, dass die Volatilität des Kupferpreises erheblich auf den Umsatz der Leoni AG durchschlägt.

Der global steigende Verbrauch von Rohstoffen treibt aber nicht nur die Preise in die Höhe, sondern belastet auch die Umwelt. Bei der Gewinnung, dem Transport und der Verarbeitung entstehen beträchtliche Mengen von CO_2-Emissionen und andere Schadstoffe. Außerdem ist die Förderung von Rohstoffen in der Regel mit erheblichen Eingriffen in die Natur verbunden. Der sparsame Umgang mit Rohstoffen ist deshalb ein wesentlicher Baustein des Sustainable Business.

Die Steigerung der Rohstoff- und Materialeffizienz entlastet die Umwelt und senkt Kosten – und steigert so die Wettbewerbsfähigkeit. Die wichtigsten Hebel für die Verwirklichung dieser Ziele sind die Effizienzsteigerung, die Verwendung von nachwachsenden Rohstoffen und Recycling.

Steigerung der Rohstoffproduktivität: enorme Einsparpotenziale

Nach Schätzungen könnte bis 2016 in Deutschland etwa ein Fünftel der in der Produktion verbrauchten Rohstoffe eingespart werden. Dies entspräche einer Kostenminderung von 27 Milliarden Euro pro Jahr. Um dieses Potenzial zu heben, müsste die Rohstoffproduktivität erheblich steigen: Im Rahmen ihrer Nachhaltigkeitsstrategie hat die Bundesregierung das Ziel ausgegeben, die Rohstoffproduktivität bezogen auf das Basisjahr 1994 bis 2020 zu verdoppeln.

Von 1994 bis 2008 hat die Rohstoffproduktivität um 38,7 Prozent zugenommen. Diese Entwicklung geht zwar in die richtige Richtung, allerdings zu langsam, um die Ziele der Nachhaltigkeitsstrategie zu erreichen. Verschiedene Ansätze und viele Beispiele aus Unternehmen zeigen schon heute, dass die Verbesserung der Materialeffizienz machbar ist – und sich bezahlt macht.

Die BMW Group hat sich konzernweit dem Leitbild des vorbeugenden Umweltschutzes und der Ressourcenschonung verpflichtet. Diesen Anspruch verwirklicht die „Clean Production": In allen Werken der BMW AG werden die Produktionsprozesse so gestaltet, dass Umwelteinwirkungen und Ressourcenverbrauch minimiert werden. Dabei hat sich die BMW Group ehrgeizige Ziele gesetzt: Im Zeitraum 2006 bis 2012 sollen der Verbrauch von Energie und Wasser, die Emissionen von Lösungsmitteln und CO_2 sowie Abfall und Prozesswasser um 30 Prozent gesenkt werden. Diese Zielvorgaben werden in einem System von Kennzahlen abgebildet, die mit dem Umweltinformationssystem „ecofacts" jeden Monat von allen BMW-Standorten abgefragt werden.[13]

Wie die BMW Group betont, zahlen sich die Anstrengungen für den konzernweiten Umweltschutz bereits heute aus: „Allein im Jahr 2008 hat der Konzern mit Energieeinsparungen von mehr als 650.000 MWh nicht nur die Umweltauswirkungen, sondern auch seine Energierechnung um rund 35 Mio. Euro gesenkt. Die Reduzierung bei den anderen Kernindikatoren wie Wasserverbrauch, Prozessabwasser und Abfall zur Beseitigung führte im Jahr 2008 zu Einsparungen von 1,2 Mio. Euro."[14]

Als Weltmarktführer im Segment hocheffizienter Motoren und Ventilatoren setzt ebm-pabst auch in der eigenen Produktion auf Innovationen, die den Ressourceneinsatz minimieren. Ein Beispiel dafür ist die Ultra-Dünnschicht-Pulverbeschichtungsanlage. Die zweistöckige Lackieranlage arbeitet fast emissionsfrei, weil sie auf das Prinzip der Pulverrückgewinnung baut: Pulver, das nicht am Werkstück haften bleibt, wird abgesaugt und wieder für die Beschichtung verwendet. Und die Abwärme des Einbrennofens wird zum Trocknen der Teile nach der Vorbehandlung benutzt.[15]

Im Rahmen ihres Projekts „Effizienz Plus" (*siehe Seite 134*) wollen die Viessmann Werke nicht nur die Energieeffizienz steigern, sondern auch in puncto Rohstoffeffizienz Zeichen setzen. Ein wichtiger Ansatzpunkt ist dabei die Produktgestaltung: Zum Beispiel ist ein Viessmann-Heizkessel heute um etwa 60 Prozent leichter als ein Modell aus dem Jahr 1990 – und das bei einem stark verbesserten Nutzungsgrad.

Nachwachsende Rohstoffe

Neben der Steigerung der Materialeffizienz ist die Substitution von nicht erneuerbaren durch nachwachsende Rohstoffe (NAWARO) ein zentraler Hebel für den nachhaltigen Umgang mit natürlichen Ressourcen. In der chemischen Industrie sind bereits mehr als ein Zehntel aller verwendeten Rohstoffe „NAWARO", das entspricht etwa 2,7 Millionen Tonnen (Stand 2006).[16]

Ein wichtiges Innovationsfeld ist die Verwendung von Biokunststoffen. Der Begriff „Bio" bezieht sich dabei auf zwei Aspekte: einerseits auf die Gewinnung von Kunststoffen aus natürlichen Rohstoffen wie Zucker, Stärke, Mais, Weizen oder Kartoffeln, andererseits auf deren biologische Abbaubarkeit. Die Mehrzahl der Kunststoffe aus NAWARO ist kompostierbar – ein entscheidender Pluspunkt im Vergleich zum konventionellen Plastik mit einer Lebensdauer bis zu 400 Jahren, das als Müllteppich auf den Ozeanen treibt und Landschaften verschandelt.

Etwa vier Prozent des Rohölverbrauchs in Europa fließen in die Produktion von Kunststoffen. Dementsprechend groß ist das Substitutionspotenzial durch die weitgehend CO_2-neutralen Biokunststoffe. Selbst wenn sie die petrochemischen Kunststoffe nicht vollständig ersetzen können, sind die Marktperspektiven für die Biokunststoffe günstig, zumal bei steigenden Ölpreisen. Die BASF SE plant in Ludwigshafen eine Erweiterung ihrer Produktionsanlagen für den Biokunststoff Ecoflex. Die Jahreskapazität soll um 60.000 Tonnen auf insgesamt 74.000 Tonnen erhöht werden.

Die Weiße Biotechnologie nutzt Mikroorganismen und Enzyme zur Herstellung von chemischen und biochemischen Produkten, wobei unter anderem pflanzliche Öle, Stärke und Zucker verwendet werden. Der Einsatz der Mikroorganismen und Enzymen senkt den Verbrauch von Energie und Rohstoffen, was diese Form der Biotechnologie – sie wird auch als industrielle Biotechnologie bezeichnet – unter Nachhaltigkeitsaspekten interessant macht.

Der Anteil der Weißen Biotechnologie am Umsatz der deutschen Chemieindustrie liegt bereits bei fünf Prozent, Tendenz steigend. Die BASF SE hat die Weiße Biotechnologie als einen von insgesamt fünf Wachstumsclustern definiert – was den hohen Stellenwert dieses Segments widerspiegelt. In den sogenannten Wachstumsclustern bündelt der Chemiekonzern seine Forschung an Themen, die sich mit den Herausforderungen der globalen Megatrends befassen.[17]

Schon heute setzt die BASF SE bei einigen Produktionsprozessen auf die Weiße Biotechnologie, zum Beispiel bei der Herstellung des Vitamins B2: Der Pilz Ashbya gossypii wird mit Pflanzenöl und anderen Nährstoffen in einen Fermenter gegeben, damit er sich in dieser sterilen Rührschüssel unter optimalen Bedingungen vermehren kann. Dabei produziert er Vitamin B2. Mit diesem Verfahren stellt BASF pro Jahr etwa 1.000 Tonnen dieses Vitamins her.[18] Die Umstellung auf diesen Produktionsprozess hatte eine Reihe von positiven Effekten: Die Produktionskosten sind um 40 Prozent gesunken, der Ressourceneinsatz um 60 Prozent, die CO_2-Emissionen um 30 Prozent, und das Abfallvolumen ist um 95 Prozent geschrumpft.[19]

Recycling

Steigende Preise, die Begrenztheit der Vorkommen und die Umweltbelastungen beim Abbau von Rohstoffen sind triftige Gründe, Recycling-Lösungen zu forcieren. Die Rückführung von Abfällen in den Wirtschaftskreislauf durch deren stoffliche oder energetische Verwertung minimiert den Ressourcenverbrauch erheblich. Mit den im international Vergleich höchsten Recycling-Quoten gilt Deutschland als inoffizieller „Recycling-Weltmeister":[20] Altpapier 90 Prozent, Altglas 90 Prozent, Altmetalle 74 Prozent, Kunststoffverpackungen 64 Prozent. Über 80 Prozent der 56,4 Millionen Tonnen Abfälle, die 2008 in Produktion und Gewerbe anfielen, wurden verwertet.[21]

Die Viessmann Werke haben diesen Wert im Rahmen ihres Projekts „Effizienz Plus" noch überboten: „Die Wiederverwertung von Abfall wie Stahlschrott, Altpapier, Gewerbeabfall, Altholz oder Elektroschrott steht am Standort Allendorf im Mittelpunkt einer hohen Materialeffizienz. Insgesamt werden 99,2 Prozent des Abfalls wieder dem Stoffkreislauf zugeführt. Die

Abfallmenge, die beseitigt werden muss, ist auf ein Minimum reduziert worden."[22]

Ein besonders symbolträchtiges Beispiel für die stoffliche Wiederverwertung war auf den Siegertreppchen bei den Olympischen Winterspielen 2010 zu besichtigen: Die Medaillen in Vancouver waren zu 100 Prozent aus recycelten Materialien, die in ihrem ersten Leben in Computern, Handys oder anderen elektronischen Geräten steckten. Das kanadische Bergbauunternehmen Teck Resources hat Gold, Silber und Bronze für die Auszeichnung der Athleten aus Elektroschrott gewonnen.[23]

Kapitel 8

Green Products

„Die herkömmliche Art des Wirtschaftens wird nicht mehr funktionieren, und die Unternehmen werden gezwungen sein, innovative Lösungen zu entwickeln. Dies wird nur geschehen, wenn das Management eine einfache Wahrheit erkennt: Nachhaltigkeit bedeutet Innovation."

C. K. Prahalad

*I*nnovation gilt zu Recht als der Wachstumstreiber schlechthin: Neue und verbesserte Produkte und Leistungen sind unabdingbar für die Differenzierung im Wettbewerb und den entscheidenden Vorsprung vor der Konkurrenz. Es ist bezeichnend, dass der Ökonom C. K. Prahalad eine auffallende Korrelation zwischen der Nachhaltigkeitsorientierung und der Innovationsdynamik großer Unternehmer festgestellt hat: „Unsere Ergebnisse zeigen, dass Nachhaltigkeit organisatorische und technische Innovationen anstößt, die sowohl den Umsatz als auch den Gewinn steigern."[1]

Stellt sich die Frage, wie Unternehmen eine solche Innovationsdynamik erreichen. Entgegen dem gängigen Klischee vom genialen Tüftler in der Garage fallen Innovationen nicht als Geistesblitze vom Himmel. Es besteht ein großer Unterschied zwischen Invention und Innovation: Invention bedeutet, neues Wissen zu generieren oder bekanntes Wissen zu neuartigen Problemlösungen zu kombinieren. Innovation geht einen Schritt weiter und bedeutet die erfolgreiche Platzierung von Neuerungen am Markt. Vereinfacht gesagt: Erst Innovationen verwandeln Inventionen in bare Münze. Es wäre außerdem falsch, den Begriff der Innovation gegenständlich aufzufassen oder auf die Dimension des technischen Fortschritts zu begrenzen: Innovationen sind nicht nur neue Produkte oder neue Technologien, sondern auch neue Prozesse, zum Beispiel deutlich verbesserte Fertigungs- oder Verfahrenstechniken, oder grundlegende Veränderungen in der Konfiguration von Wertschöpfungsketten.

Ob Inventionen sich schlussendlich in Gewinne verwandeln, hängt davon ab, wie der Prozess des Innovierens im Unternehmen gesteuert wird. Innovationsmanagement ist eine Herausforderung für jede Geschäftsführung und verlangt Zeit, Personal und Investitionen in Forschung und Entwicklung (FuE) – von nichts kommt nichts. Innovationsmanagement lässt sich als fünfstufiger Prozess darstellen:

- Identifikation von Chancen,
- Analyse dieser eruierten Chancen,
- Entwicklung von Ideen,
- Selektion dieser Ideen und
- Prüfung der daraus abgeleiteten Geschäftsmodelle.

Im Kontext der Green Transformation besteht die zentrale Aufgabe bei der Entwicklung neuer Produkte und Leistungen darin, das Innovationsmanagement an den globalen Megatrends auszurichten. Potenzielle neue

Märkte und Produkte werden unter dem Aspekt identifiziert und bewertet, welchen Beitrag sie zur Senkung der CO_2-Emissionen und zum effizienten Umgang mit Ressourcen leisten können. Anders ausgedrückt: Die Ziele der FuE-Aktivitäten werden generell unter die Vorzeichen des Klimawandels und der Ressourceneffizienz gestellt. In diese Perspektive müssen natürlich auch die Werte und Präferenzen der Kunden einfließen.

Grundsätzlich zielen nachhaltige Innovationen im Rahmen einer Green Transformation vor allem auf die Minderung der CO_2-Emissionen und die Steigerung der Ressourceneffizienz in allen Phasen des Lebenszyklus eines Produktes.

Daraus ergeben sich zwei Stoßrichtungen: zum einen die nachhaltige Gestaltung der Lieferkette und der Leistungserstellung im eigenen Unternehmen; zum anderen geht es um die ökologischen Effekte eines Produktes oder einer Dienstleistung beim Abnehmer. Ansatzpunkte für neue Märkte und neue Produkte, die im Wettbewerb punkten können, ergeben sich, wenn ein Unternehmen Lösungen anbietet, die die Energie- und Ressourceneffizienz seiner Kunden nachhaltig verbessern und über diesen Hebel zur Minderung der CO_2-Emissionen beitragen.

Aus dieser Logik ergeben sich generell vier – sich teilweise überlappende – Aktionsfelder, die Chancen für neue Märkte, Produkte und Leistungen eröffnen: Erneuerbare Energien, Effizienztechnologien, CO_2-neutrale Produkte und nachhaltige Dienstleistungen. Die folgenden Beispiele zeigen, wie Unternehmen diese Ansätze erfolgreich gestalten.

Erneuerbare Energien

Die HEAG Südhessische Energie AG (HSE) hatte bereits in den 1990er Jahren erkannt, dass der Klimawandel die Energiewirtschaft vor ganz neue Herausforderungen stellen wird. Statt abzuwarten, setzte die HSE, einer der acht führenden Regionalversorger Deutschlands, das Thema nachhaltige Energieversorgung ganz oben auf ihre strategische Agenda: Im April 1999 wurde ein Tochterunternehmen gegründet, das sich auf regenerative Energien konzentrieren sollte.[2] Im Oktober 1999 ist die erste Photovoltaik-Anlage der HSE-Tochter auf dem Dach eines Schulhauses in Betrieb gegangen. Inzwischen hat die NATURpur Energie AG 117 Photovoltaik-Anlagen im Rhein-Main-Gebiet und Südhessen errichtet. Insgesamt haben sie bisher rund vier Millionen Kilowattstunden Ökostrom erzeugt und dabei über 2.000 Tonnen CO_2 vermieden.[3] Die Produktion und den Vertrieb von Ökostrom betrachtet die HSE als ihr „Markenzeichen". Der Energieversorger hat ein Investitionsprogramm von mehr als einer Milliarde Euro für Klimaschutzmaßnahmen und den Ausbau erneuerbarer Energien aufgelegt. Dazu gehören eine Beteiligung an einem Windpark in der Nordsee und der Bau von Biogas-und Biomasseanlagen in Hessen.

Innerhalb des HSE-Konzerns bündelt die HSE Regenerativ die Erneuerbaren Erzeugungskapazitäten. Für den deutschlandweiten Vertrieb der Ökostrom- und CO_2-neutralen Erdgasprodukte ist die Schwestergesellschaft ENTEGA Vertrieb zuständig, nach Angaben der HSE einer der führenden Ökostromanbieter auf dem deutschen Markt. 2008 wurde von der HSE das NATURpur Institut für Klima- und Umweltschutz gegründet. Die mit einem Stammkapital von 25 Millionen Euro ausgestattete gemeinnützige GmbH soll den Umwelt- und Klimaschutz durch interdisziplinäre Forschungsprojekte in den Bereichen Energieeffizienz und erneuerbare Energien fördern. Durch langfristig angelegte, strategische Partnerschaften mit vier Hochschulen unterstützt das Institut den Wissenstransfer zwischen Wissenschaft und Praxis – und sorgt so für wertvolle Impulse für die Innovationen der HEAG Südhessische Energie AG.[4]

Energieeffiziente Pumpentechnologie

„Jetzt erkennen Sie Energiesparpotenziale sofort" verspricht KSB seinen Kunden. Möglich macht dies „PumpMeter", eine der Innovationen des Pumpen- und Armaturenherstellers im Bereich Energieeffizienz. „PumpMeter" misst alle wichtigen Daten der Pumpe und zeigt sie in einem Display an. Wenn dort das Icon „EFF" leuchtet, ist das ein Signal für signifikante Energiesparmöglichkeiten – zum Beispiel durch den Einsatz von „PumpDrive". Dieses Regelsystem passt die Drehzahl der Pumpe der Flüssigkeitsmenge an. Das bedeutet, die Pumpe läuft nicht ständig „mit Vollgas", sondern mit dem jeweils passenden Tempo.

Auf diese Weise wird der Stromverbrauch reduziert.

Auf dem Geschäftsfeld erneuerbare Energien ist KSB ebenfalls aktiv: Der Pumpen- und Armaturenhersteller hat beispielsweise seine FuE-Anstrengungen in der Biogaserzeugung verstärkt. Es wurde eigens ein Programm entwickelt, das den Kunden zeigt, wie sich Rührer und Mischer in ihren Fermentern so positionieren lassen, dass der Verbrauch von Energie und Ressourcen minimiert wird. KSB bietet einen Tauchmotormischer an, dessen Propellerblatt ausschließlich für den Einsatz in der Biogaserzeugung konstruiert wurde.[5]

Ihre Expertise in der Pumpen- und Armaturentechnik will die KSB in die Zukunftstechnologie CCS (Carbon Capture and Storage) einbringen: Die CO_2-Abscheidung und Speicherung ist ein Verfahren, das die klimaverträgliche Nutzung des Energieträgers Kohle ermöglichen soll: Statt das im Kraftwerksprozess anfallende CO_2 zu emittieren, wird es abgetrennt und umweltneutral entsorgt. Nach Konsultationen mit Anlagenbauern und Betreibern analysiert KSB, welche Anforderungen CCS an Pumpen- und Armaturentechnik stellt, und führt die ersten Grundlagenversuche durch.[6]

Innovationen für den Klimaschutz

Die BASF SE betrachtet die globalen Megatrends demografischer Wandel, Urbanisierung, steigender Energiebedarf und Klimaschutz als „Triebfedern unserer Innovationen".[7] Etwa ein Drittel seiner Aufwendungen für Forschung und Entwicklung (2009: 1,388 Milliarden Euro) investiert der Chemiekonzern „in Produkte und Technologien zur Steigerung der Energieeffizienz sowie in Klimaschutz, Ressourcenschonung und alternative Rohstoffe."[8] Dabei zielt BASF in zwei Richtungen: Einerseits geht es um Innovationen, die die Energieeffizienz und Klimafreundlichkeit der eigenen Leistungserstellungsprozesse verbessern. Andererseits sollen neue Produkte und Verfahren Kunden dabei unterstützen, ihre Effizienzziele zu verwirklichen.

Bereits 2008 erwirtschaftete die BASF SE etwa 6 Milliarden Euro, das entspricht etwa einem Zehntel ihres Gesamtumsatzes, mit Produkten für den Klimaschutz. In diese Kategorie werden nur Produkte aufgenommen, die eine Bedingung erfüllen: Sie müssen bei ihrer Anwendung mindestens die doppelte Menge an

Treibhausemissionen einsparen, wie bei ihrer Produktion und Entsorgung entstehen. Als Basis für die Berechnung der Einsparungen werden dabei die Emissionen bei der Nutzung funktional vergleichbarer Produkte herangezogen.

Der Chemiekonzern trägt in mehreren Sektoren zur CO_2-Reduktion bei, zum Beispiel im Transportsektor mit Kraftstoffadditiven und Kunststoffen für den Automobilleichtbau oder im Energiesektor mit Materialien für die Wind- und Solarenergie. Vor allem Produkte für den Sektor Bauen und Wohnen leisten einen enormen Beitrag zur Verringerung der Treibhausgasemissionen: Dämmstoffe zur Sanierung von Altbauten und Zementadditive sind hier die wichtigsten Produktgruppen.[9]

Mit ihrer „Wachstumscluster-Initiative" will die BASF SE sich im Bereich Forschung und Entwicklung gezielt den Herausforderungen stellen, die sich aus den globalen Megatrends ergeben. Das Unternehmen hat fünf Wachstumscluster gebildet, deren Fokus Technologie und Märkte der Zukunft bilden: Pflanzenbiotechnologie, Energiemanagement, Weiße Biotechnologie (*siehe Seite 161*), Rohstoffwandel und Nanotechnologie. Im

Wachstumscluster Rohstoffwandel wird beispielsweise geforscht, wie sich Erdöl als Ausgangsbasis für chemische Verfahren ersetzen lässt, zum Beispiel durch nachwachsende Rohstoffe oder Erdgas.

Ein wichtiges Forschungsgebiet im Wachstumscluster Energiemanagement ist die Energiespeicherung. Unter Leitung der BASF Future GmbH will das Konsortium „HE Lion" bis 2015 leistungsfähige und sichere Lithium-Ionen-Batterien entwickeln und auf den Markt bringen. An dieser neuen Generation von Hochleistungsbatterien für Hybridautos und Elektrofahrzeugen arbeiten in dem branchenübergreifenden Konsortium 18 Partner aus Wirtschaft und Wissenschaft zusammen, darunter EnBW, Volkswagen, Freudenberg und Bosch. Das Projekt wird vom Bundesministerium für Bildung und Forschung gefördert.

CO_2-freie Briefe und Päckchen verschicken

„Mit unseren GOGREEN-Produkten können Sie auch weiße Briefe grün verschicken" – Mit diesem Slogan wirbt die Deutsche Post für den CO_2-neutralen Versand von Briefen und Päckchen. Die CO_2-Emissionen der Sendungen werden berechnet und durch Investitionen in registrierte, internationale Klimaschutzprojekte ausgeglichen. Zum Beispiel unterstützt die Deutsche Post ein Biomassekraftwerk in Indien und eine Wasserkraftanlage im brasilianischen Bundesstaat Mato Grosso.[10] Das CO_2-neutrale Versandangebot richtet sich sowohl an Privatkunden als auch an Unternehmen. Die Allianz AG nimmt diesen klimafreundlichen Service seit Juli 2008 in Anspruch. Pro Jahr verschickt der Versicherungskonzern circa 140 Millionen „grüne" Sendungen und gleicht über 2.000 Tonnen CO_2 aus.

„Green durch IT": Smart Grid

Lösungen der Informations- und Kommunikationstechnologie (IKT) tragen in anderen Branchen erheblich zur Vermeidung und Verringerung von CO_2-Emissionen bei. Durch ihren Einsatz – Stichwort: „Green durch IT" – ergibt sich ein theoretisches Reduktionspotenzial von 194 Megatonnen CO_2e bis 2020. Errechnet hat dieses Ergebnis die Studie „SMART 2020 Addendum

Deutschland: Die IKT-Industrie als treibende Kraft auf dem Weg zu nachhaltigem Klimaschutz".[11]

Sie hat dabei fünf Kernbereiche identifiziert, in denen die IKT besonders wirkungsvolle Effekte bei der Minderung des CO_2-Ausstoßes leisten kann: Smart Buildings (Gebäudewirtschaft), Smart Logistics (Logistik), Smart Grid (Stromwirtschaft), Smart Motors (Industrieautomation) und Dematerialisierung.

Am Beispiel Smart Grid (intelligente Stromnetze) wird deutlich, welche Schlüsselrolle innovative IT-Technologie bei der Steigerung der Energieeffizienz spielt: Stromnetze müssen durch die Integration von IKT das Denken lernen, denn nur intelligente Systeme sind den steigenden Anforderungen an das Stromverteilungsnetz gewachsen. Derzeit befindet sich die Energieinfrastruktur in einem dramatischen Umbruch.

Die Liberalisierung des Strommarktes und der Ausbau der erneuerbaren Energien stellen das Stromverteilungsnetz vor völlig neue Herausforderungen: Es muss zentrale Erzeuger wie Großkraftwerke, dezentrale Erzeuger (etwa kleine Photovoltaik-Anlagen oder Blockkraftwerke), Verbraucher und Speicher verknüpfen.

Während man sich ein konventionelles Stromnetz als Einbahnstraße vorstellen kann, das Strom vom Erzeuger zum Endverbraucher transportiert, kommunizieren Smart Grids in alle Richtungen.

Intelligente Stromnetze tragen dazu bei, den Stromverbrauch – und damit die CO_2-Emissionen – erheblich zu verringern: Die Vorteile der Smart Grids liegen vor allem darin, dass sie die Transparenz des Stromverbrauchs erhöhen und Lastspitzen absenken können. Die Marktpotenziale der „denkenden Netze" gelten als enorm. Weltweit werden sie auf 30 Milliarden Euro geschätzt, also auf etwa ein Zehntel des gesamten Volumens für Stromübertragung und -verteilung. Die Siemens AG erhofft sich in diesem Marktsegment in den nächsten fünf Jahren einen Umsatz von 6 Milliarden Euro. Auch General Electrics knüpft große Erwartungen an die Smart Grids und rechnet mit einem Umsatzplus von bis zu 5 Milliarden US-Dollar.[12]

Der Ansatz „Green durch IT" ist ein wesentlicher Baustein im Produkt- und Leistungsportfolio der Deutschen Telekom AG. Sie will mit innovativen Lösungen dazu beitragen, die Energiebilanz ihrer Kunden zu verbessern. Unter der Bezeichnung „Dynamic Services" offeriert T-Systems Lösungen, die den IT-verursachten Energieverbrauch deutlich senken, und zwar durch die Virtualisierung von Software und Rechnerleistung – sogenannte „Thin Clients" machen es möglich. Diese im Vergleich zu normalen PCs abgespeckten Rechner dienen im Wesentlichen der Eingabe und Ausgabe von Daten. Die eigentliche Datenverarbeitung leistet ein zentraler Server im Rechenzentrum des Anbieters. „Thin Clients" verbrauchen nur rund ein Viertel so viel Strom wie herkömmliche PCs.

T-Systems hat ein Simulationsmodell entwickelt („Green-Dynamics"), mit dem Unternehmen ausrechnen können, wie viel Strom, CO_2-Emissionen und Kosten sie mithilfe von Dynamic Services sparen können. Dieses Spar-Programm wurde bereits mehrfach ausgezeichnet: 2008 verlieh die International Data Corporation (IDC) dieser Anwendung in Österreich den Green IT Award; 2009 erhielt „Green Dynamics" den Umweltpreis der Stadt Wien.[13]

**Energie-Contracting:
Geschäftsmodell mit Zukunft**

Dienstleistungsinnovationen spielen eine wesentliche Rolle im Rahmen der Green Transformation, weil sie einen wichtigen Beitrag zur Emissionsreduktion leisten können. Ein Beispiel für ein Geschäftsmodell, das sich in den letzten Jahren entwickelt hat, ist das Energie-Contracting: Im Auftrag ihrer Kunden übernehmen Contracting-Dienstleister die Planung, Finanzierung und den Betrieb von Energieanlagen. Der Contractor stellt seinen Kunden sein Know-how zur Verfügung und verkauft energieeffiziente Anlagen auf dem neuesten Stand der Technik. Auf diese Weise werden Einsparpotenziale realisiert, die zunächst die Investitionskosten zurückzahlen.

Langfristig werden die eingesparten Energiekosten an die Kunden weitergegeben. Dieses Grundprinzip des Geschäftsmodells lässt sich auf andere Bereiche übertragen, etwa auf die Bereitstellung von Kälte, Wärme oder Druckluft. Die steigenden Energiepreise fördern die Bereitschaft potenzieller Kunden, zur Erhöhung ihrer Energieeffizienz – und damit zur Senkung ihrer

Kosten – die Dienste von Contracting-Unternehmen in Anspruch zu nehmen.

Hinzu kommt, dass der Kunde keine Investitionen in die Erneuerung der Energieanlagen vornehmen muss, was die Liquidität schont. Auch dem Klimaschutz kommt das Contracting zugute, denn dieses Geschäftsmodell ist ein Katalysator für die Diffusion energieeffizienter Technologien am Markt, was zur Minderung des CO_2-Ausstoßes beiträgt.

Kapitel 9

Green Marketing

*Einen Ruf erwirbt man sich nicht mit Dingen,
die man erst tun wird.*

Henry Ford

„Green sells" – dieser Eindruck drängt sich auf: Blumenwiesen, Windräder und Wälder verwandeln die Anzeigenseiten von Publikumszeitschriften und Wirtschaftsmagazinen in eine Öko-Idylle. Bezeichnend für den Trend zum „Green Marketing" ist auch das Anzeigenmotiv, mit dem die BMW Group auf der hinteren Umschlagseite des Harvard Business Manager warb: Ein Auto sucht man dort vergebens, statt einer Karosserie blitzt dort ein Papierkorb aus Metall unter der Headline: „Müll. Zu 100% recycelt. Ein ferner Traum? Für uns der nächste Schritt."[1]

Die BASF SE setzt in puncto Nachhaltigkeit ebenfalls deutliche Marketing-Signale, zum Beispiel mit ihrer Anzeigen-Kampagne, die in deutschen und internationalen Printmedien erscheint: Zu den Motiven gehören unter anderem ein aus Geldscheinen gefaltetes Haus („cool houses love energy bills") und ein Schmetterling, der aus Kunststoff-Autoteilen gelegt ist („ecology loves economy").[2] Diese Beispiele zeigen deutlich: Die Erwartungen der Stakeholder (siehe Kapitel 2) haben Nachhaltigkeit zu einem zentralen Thema der Public-Relations- und Marketingaktivitäten gemacht, vor allem im Business-to-Consumer-Segment („B2C").

Unternehmen, die sich durch Nachhaltigkeit im Markt differenzieren wollen, müssen sich drei Kernfragen stellen: Wird die Marke als nachhaltig wahrgenommen? Welchen Platz nimmt Nachhaltigkeit in der Werteskala unserer Kunden ein? Können wir mit einer „grünen Positionierung" neue Kunden gewinnen?

Das Fundament, um die Antworten auf diese zentralen Fragen abzuleiten, ist eine Analyse der Werteprofile der (potenziellen) Kunden. Dafür hat Roland Berger Strategy Consultants das Tool RB Profiler entwickelt.

Dieses Instrument ermöglicht eine quantifizierte, werteorientierte Darstellung und Analyse von Markenprofilen und Kundensegmenten.

Im Mittelpunkt der Profiler-Methodik stehen nicht Marken oder Produkte, sondern die persönlichen Wertvorstellungen des Konsumenten – schließlich prägen sie das Kaufverhalten und die Entscheidung für oder gegen eine Marke. Im Umkehrschluss gilt: Eine Marke funktioniert nur dann, wenn es ihr gelingt, die individuellen Bedürfnisse, Vorlieben und Wertvorstellungen des Konsumenten anzusprechen. Je mehr das Werteversprechen einer Marke – eines Produktes, einer Dienstleistung, eines Unternehmens – mit dem persönlichen Wertesystem des Konsumenten übereinstimmt, desto größer ist die Chance einer positiven Kaufentscheidung.

Dieser Entscheidungsvorgang ist subjektiv, nicht rationale Argumente sind ausschlaggebend, sondern das „Bauchgefühl". Der RB Profiler kann jedoch die gesamte Bandbreite von Verbraucherbedürfnissen und -werten objektiv erfassen und visualisieren.

Mit dem RB Profiler lassen sich innerhalb einer Matrix („Profiler Grid") die Wertvorstellungen der Verbraucher darstellen wie auf einer Landkarte. Die individuellen Konsumentenprofile können in Clustern zusammengefasst werden; so lassen sich wertebasiert „Archetypen" für den Markt identifizieren.

Beim „Archetyp" mit einer ausgeprägten Affinität zu nachhaltigen Produkten wird im „Profiler Grid" die Zustimmung zu den Werten „Zusammengehörigkeit", „Wohl meiner Familie", „Hilfsbereitschaft", „Anti-Diskriminierung", „Umweltschutz", „Menschenrechte" sichtbar. Angenommen, ein Unternehmen hat mithilfe des RB Profilers die Nachhaltigkeitsbedürfnisse eines relevanten Kundensegments identifiziert: reines Gewissen, Altruismus, Sicherheit und Verantwortung. Der nächste Schritt wäre dann, auf Basis dieses Bedürfnisprofils entsprechende „grüne" Produkte und Dienstleistungen und ein Konzept für deren Vermarktung zu entwickeln. Dieses muss passgenau auf die Werte des Kundensegments abgestimmt sein.

Auf diese Weise lassen sich zusätzliche Umsatzpotenziale durch die zielgerichtete Ansprache neuer Kundengruppen erschließen. Die Methodik des RB Profilers leistet auch gute Dienste, um die Affinität der

Bestandskunden eines Unternehmens zu Nachhaltigkeitswerten zu analysieren. Dabei geht es sowohl um die Relevanz nachhaltiger Kriterien für die Kunden als auch um deren Einschätzung, ob und inwiefern eine Marke als nachhaltig wahrgenommen wird. Falls Rezeption der Kunden und der Anspruch eines Unternehmens nicht übereinstimmen, kann diese Diskrepanz als Ausgangspunkt dienen, um durch geeignete Marketingmaßnahmen diese Lücke zwischen Erwartungen und deren Erfüllung zu schließen.

ecomagination: der grüne Kick für den Markenwert

Auf Basis der beschriebenen Analysen lassen sich diejenigen Hebel identifizieren, die das nachhaltige Profil des Unternehmens im Markt schärfen. Dabei geht es um zwei Ebenen, deren Grenzen manchmal verschwimmen: das Markenimage und die Produktebene, wie die Marketing-Strategien von ebm-papst und General Electrics (GE) zeigen. Die ebm-papst Gruppe setzt bei ihrer Unternehmensdarstellung auf „grün": Auf ihrer Homepage ist das Thema GreenTech prominent platziert und ausführlich dargestellt. Die Kernbotschaft wird klar vermittelt: ebm-papst-Produkte helfen den Kunden, ihre Energieeffizienz zu steigern – und damit die Kosten zu senken. So finden die Besucher der Website gleich auf der GreenTech-Start-Seite einen „Energiespar-Rechner", mit dem sie ermitteln können, wie viel Energie und Kosten sie durch den Einsatz von ebm-papst-Ventilatoren sparen können.[3]

General Electrics (GE) ist das Paradebeispiel eines global agierenden Konzerns, der sich durch eine konsequente Strategie als „grünes" Unternehmen positionieren konnte. Im Jahr 2005 verkündete der GE-Vorstand die neue Innovations- und Wachstumsstrategie: „ecomagination". Der Titel der Kampagne symbolisiert die Verbindung von Ökologie (ecology) und dem GE-Claim „imagination at work".

Der US-Mischkonzern hat dabei eine klare strategische Stoßrichtung festgelegt: „GE konzentriert sich dabei auf die Verbesserung bestehender und die Erfindung neuer ökologischer Technologien mit hohem ökonomischen Wachstumspotenzial." Zum Auftakt der ecomagination-Initiative setzte sich GE ambitionierte Ziele, die in einer großangelegten PR-Kampagne verbreitet wurden: Die Investitionen in die Forschung und Entwicklung umweltfreundlicher Technologien sollten bis 2010 auf jährlich 1,5 Milliarden US-Dollar ansteigen (2005: 750 Millionen US-Dollar). Die Vorgabe für den Umsatz von ecomagination-Produkten und Dienstleistungen wurde auf 20 Milliarden US-Dollar festgesetzt (2005: 10 Milliarden US-Dollar).

Die ecomagination-Kampagne startete mit 17 Produkten, inzwischen sind es mehr als 80 aus allen GE-Geschäftsbereichen. Vor der Aufnahme in den exklusiven Kreis der ecomagination-Erzeugnisse muss jedes Produkt einen Zertifizierungsprozess durchlaufen, der von einer externen Umweltberatungsfirma durchgeführt wird. Wesentliches Kriterium ist, dass ecomagination-Produkte den Kunden messbare ökonomische und ökologische Vorteile bringen.[4]

Fünf Jahre nach dem Start hat sich die Kampagne als Erfolgsstrategie erwiesen: Die Umsätze der ecomagination-Produkte lagen 2008 bereits bei 17 Milliarden US-Dollar, sodass die ursprüngliche Zielmarke von 20

Milliarden US-Dollar im Jahr 2010 auf 25 Milliarden US-Dollar hochkorrigiert worden ist. Auf das Markenimage von General Electrics wirkte die ecomagination-Initiative wie eine Rundumerneuerung: „GE has migrated its brand from one associated with environmental problems (like polluting the Hudson River) to one of the most respected green brands around."[5]

Als Indikator für die positiven Effekte der ecomagination-Strategie kann man die Entwicklung des Markenwerts interpretieren, der zwischen 2005 und 2008 um fast 13 Prozent gestiegen ist. Diese Werte sind der „Best Global Brands Study" entnommen, die jedes Jahr von „Interbrand" und dem Wirtschaftsmagazin „Business Week" erstellt wird.[6]

In diesem Ranking belegt General Electrics seit vielen Jahren den vierten Rang. Die Studie würdigt ausdrücklich die Wirkung von ecomagination auf das Image des US-Mischkonzerns: „Few companies are in as strong a position to push the green agenda as GE. Its Ecomagination program has been incredibly successful in raising sustainability awareness and has reflected positively on the brand."[7]

Imagerisiken in der Ära des virtuellen Prangers

Die ecomagination-Kampagne macht deutlich, wie der Aufbau eines nachhaltigen Images die Positionierung eines Konzerns verbessern kann. Dieser Zusammenhang gilt jedoch auch unter umgekehrten Vorzeichen: Unternehmen, die durch reale oder vermeintliche ökologische oder soziale Fehlleistungen auffällig werden, riskieren erhebliche Reputationsschäden. Einen angekratzten Ruf zu reparieren bedeutet einen immensen Aufwand für die Schadensbegrenzung, wie das Beispiel von Nestlé zeigt.

Der Orang-Utan trägt einen Party-Hut und Papiergirlanden. Daneben steht der Text „Thanks for the break! Sweet success for the Kit Kat Campaign" – Dieses Bild auf der Greenpeace-Website markiert den vorläufigen Schlusspunkt einer Social Media Kampagne, die im Frühjahr 2010 den Nahrungsmittelkonzern Nestlé unter Druck gesetzt hat. Diese Begebenheit zeigt, dass im Zeitalter des Web 2.0 nicht nur die Geschwindigkeit der Datenübermittlung rasant zunimmt, sondern auch die Gefahr eines Reputationsschadens. Nicht zuletzt deshalb sind Unternehmen gut beraten, zur Vermeidung von Risiken die Grundsätze des Green Procurement zu beachten (*siehe Seite 113f.*)

Mitte März 2010 hat Greenpeace eine Kampagne gestartet, um auf die Bedrohung des Regenwaldes in Indonesien durch die Ausweitung des Palmöl-Anbaus aufmerksam zu machen: Der Sinar Mas Group wurde vorgeworfen, durch illegal errichtete Plantagen im Urwald den Lebensraum von Orang Utans zu zerstören. Palmöl von den Sinar Mas-Plantagen steckt auch in den KitKat-Schokoriegeln von Nestlé. Und so bekam der Schweizer Nahrungsmittelkonzern jede Menge negativer Publicity: Mitte März veröffentlichte Greenpeace die Broschüre „Auf frischer Tat ertappt – Wie Nestlé mit dem Abbau von Palmöl Regenwälder und Orang Utans vernichtet".

Aktivisten der Umweltorganisation demonstrierten vor Nestlé-Standorten. Auf das Videoportal YouTube stellte Greenpeace Spots mit knallharter Bildsprache: eine überdimensionale Kitkat-Packung schlägt zu den Klängen von Wagners Walkürenritt Schneisen in den Regenwald und köpft dabei Orang-Utan-Babies.

Mit dem Hinweis auf eine Urheberrechtsverletzung ließ Nestlé das Video entfernen. Diese Aktion konnte die Verbreitung der Spots nicht verhindern, denn die waren längst tausendfach heruntergeladen worden. Die Intervention brachte Nestlé aber Minuspunkte in der Internet-Community. Die Wogen im World Wide Web schlugen noch höher, als Nestlé seine Fanseite (700.000 Mitglieder) von KitKat aus Facebook entfernte, ein Schritt, der dem Konzern als Hilflosigkeit ausgelegt wurde. Inzwischen nahm Nestlé in mehreren Presseinformationen inhaltlich zu den Greenpeace-Vorwürfen Stellung und teilte mit, dass die Zusammenarbeit mit dem Lieferanten Sinar Mas beendet sei. Außerdem ist Nestlé eine Partnerschaft mit „The Forest Trust" (TFT) eingegangen. Die weltweit aktive Non-Profit-Organisation wird das multinationale Konsumgüterunternehmen beim „Aufbau einer verantwortungsbewussten Lieferkette unterstützen". Dafür wurden gemeinsam mit dem TFT „Responsible Sourcing Guidelines formuliert.[8]

Greenwashing: das grüne Mäntelchen im Dienste der Public Relation

Wo viel Licht, ist auch viel Schatten – dieses Sprichwort passt auch für „Green Marketing". Je stärker das Thema Nachhaltigkeit in den Fokus der Öffentlichkeit rückt und sich zu einem Differenzierungsmerkmal im Wettbewerb entwickelt, desto mehr wächst die Versuchung, diesen Trend zu PR- und Werbezwecken zu missbrauchen. Der Etikettenschwindel, nicht nachhaltige Unternehmen und Produkte in der Außendarstellung als „grün" zu präsentieren, hat im Marketing-Jargon bereits einen eigenen Namen bekommen: Greenwashing.

Diese PR-Taktik – mehr Schein als Sein – kann nach hinten losgehen und das Image eines Unternehmens schwer beschädigen. Zumal kritische Konsumenten Werbelügen und -übertreibungen schnell durchschauen – und deren Entlarvung im Zeitalter des Web 2.0 sehr schnell einer breiten Öffentlichkeit zugänglich machen. Hinzu kommt, dass es zahlreiche Internet-Plattformen und andere Informationsmöglichkeiten gibt, um die Selbstdarstellung von Unternehmen in Sachen umweltbewusstes Handeln zu hinterfragen und deren Aussagen nachzuprüfen. Zum Beispiel veröffentlicht Greenpeace seit August 2006 alle drei Monate den „Guide to Greener Electronics": Die Umweltschutzorganisation vergleicht in diesem Ranking die 18 größten Hersteller von Computern, Mobiltelefonen, Fernsehern und Spielekonsolen. Die wichtigsten Kriterien sind dabei der Einsatz giftiger Substanzen, Recycling der Geräte und deren Klimaauswirkungen. Die Unternehmen erhalten nach einem detaillierten Bewertungsschema Punkte, aus denen sich die Rangfolge ergibt. Nachweislich falsche oder irreführende Angaben der Teilnehmer ahndet Greenpeace mit Strafpunkten. Mit einem Punktestand von 7,5 führte Nokia das Ranking im Mai 2010 an, gefolgt von Sony Ericsson mit 6,9 Punkten.[9] Angesichts aufgeklärter Konsumenten und zunehmender Transparenz sollte Green Marketing eine Grundregel beherzigen, die Frank Dopheide, Chairman der Werbeagentur Grey, so auf den Punkt bringt: „Wer die Klappe aufreißt, von dem wird was eingefordert."[10]

Auch Verbraucherschützer wollen die „Inflation irreführender Geschäftspraktiken" bei der Vereinnahmung der Nachhaltigkeit für Werbezwecke nicht mehr klaglos hinnehmen. Immer häufiger werden Abmahnungen gegen offensichtliche „Greenwasher" verschickt; die juristische Munition liefert dabei das Gesetz gegen den unlauteren Wettbewerb (UWG).

So hatte ein Verbrauchermarkt mit dem Zusatz „Öko" für Gefrierschränke geworben, die in puncto Energieeffizienz nicht auf dem neuesten Stand der Technik waren. Ein Discounter, der mit fairem Handel warb, erhielt eine Abmahnung der Verbraucherzentrale Hamburg, nachdem eine Menschenrechtsorganisation die Arbeitsbedingungen bei Zulieferunternehmen in Bangladesch beanstandet hatte.[11]

Kapitel 10

Green Controlling

„CO_2-Bilanzen von Unternehmen machen die Chancen und Risiken, die für ein Unternehmen mit dem Klimawandel verbunden sind, transparent. Das ist wichtig für das Unternehmen selbst, aber auch für Stakeholder wie Investoren, Kunden und Mitarbeiter."

Ulrich von Deessen
Klimaschutzbeauftragter der BASF SE

„You can't manage what you don't measure" – Des Controllers Lieblingszitat gilt auch für die Ausrichtung eines Unternehmens nach den Prinzipien des Sustainable Business: Aktivitäten im Bereich Nachhaltigkeit müssen sich messen lassen – im wörtlichen und übertragenen Sinn. Spezielle Leistungsindikatoren (Key Performance Indicators – KPI) zeigen auf einen Blick, wo ein Unternehmen bei der Umsetzung der Green Transformation steht. Sie bilden zum Beispiel den Energieverbrauch ab, die Recyclingquote von Rohstoffen oder die CO_2-Emissionen.

Solche Daten sind immer stärker gefragt, vor allem von Kunden und den Finanzmärkten. „Finanzanalysten und Investoren wollen zunehmend unternehmerische Nachhaltigkeitsinformationen, die über Nachhaltigkeitsberichte hinausgehen", erklärt Ralf Frank, der Geschäftsführer der Deutschen Vereinigung für Finanzanalyse und Asset Management (DVFA). Verlangt werden Daten, die Nachhaltigkeitschancen und -risiken transparent machen und einen Vergleich unterschiedlicher Unternehmen ermöglichen.[1] Als Reaktion auf diese Anforderung haben die DVFA und die EFFAS[2] Commission on ESG im Mai 2010 einen Entwurf für ein verfeinertes KPI-Modell veröffentlicht, den „KPI for ESG 3.0".[3]

Dieses KPI-Modell, das nach eigenem Anspruch die Bedürfnisse professioneller Investoren adressiert, ist sehr fein ausdifferenziert: Es umfasst zehn branchenübergreifende KPIs mit Nachhaltigkeitsbezug, zum Beispiel Energieverbrauch, Treibhausgasemissionen, Mitarbeiterfluktuation. Hinzu kommen für jeden Wirtschaftszweig branchenspezifische Kennzahlen. Insgesamt ergibt sich beispielsweise für die Automobilindustrie ein Set von 55 Indikatoren.

Der Devise „weniger ist mehr" folgt dagegen der Ansatz des Wirtschaftswissenschaftlers Alex Hesse und der Wirtschaftsprüfungsgesellschaft Deloitte:[4] Für insgesamt zehn Branchen wurden jeweils maximal drei „SD-KPI" („Sustainable Development-Key Performance Indicators") definiert. Für die Chemieindustrie wurden zum Beispiel die drei Indikatoren bestimmt:[5]

- „Konzernweite Energie- und Treibhausgasintensität der Produktion",
- „Produktionsbezogene Vermeidung/Verminderung gefährlicher Substanzen" und
- „Vermeidung/Verminderung der Toxizität für Mensch und Umwelt".

Dieses Kapitel fokussiert die Erfassung der CO_2-Emissionen.

Für diese Schwerpunktsetzung spricht, dass diese Kennzahl eine der wichtigsten Markierungen auf dem Weg in die Low Carbon Economy ist, weil sie eine Schlüsselrolle für die Steuerung und die Verringerung des CO_2-Ausstoßes spielt. Außerdem sind die CO_2-Emissionen und deren Reporting in der aktuellen politischen Diskussion stark präsent; hinzu kommt, dass die Verpflichtung zur Erfassung der CO_2-Emissionen aufgrund gesetzlicher Vorschriften in absehbarer Zukunft ausgeweitet werden dürfte.

Zwar gibt es in Deutschland abgesehen von den Unternehmen, die unter das Treibhausgas-Emissionshandelsgesetz fallen, (noch) keine staatlichen Vorschriften für die Messung des CO_2-Ausstoßes. Aber derzeit ist unsicher, wie sich die Gesetzgebung in der Europäischen Union weiterentwickeln wird. In den USA hat die nationale Umweltschutzbehörde, die Environmental Protection Agency, im September 2009 eine Berichtspflicht für CO_2-Emissionen erlassen.[6] Sie gilt für Unternehmen, die pro Jahr mehr als 25.000 Tonnen Treibhausgase emittieren. Großbritannien plant, ab 2012 ein obligatorisches CO_2-Reporting nach einem einheitlichen Standard der Confederation of British Industry einzuführen.[7]

Aber nicht nur die absehbare Verschärfung der Regulierungsvorschriften zwingt die Unternehmen, sich mit der Messung und dem Reporting der CO_2-Emissionen zu befassen. Auch seitens der Kunden steigt der Druck, vor allem im Business-to-Business-Geschäft. Der Grund: Immer mehr Konzerne beziehen in die Erfassung ihrer CO_2-Emissionen auch die Vorleistungen ein und verlangen deshalb von Zulieferern detaillierte Informationen über den Treibhausgasausstoß.

„Wir spüren eine deutliche Sensibilisierung unserer Kunden für den Klimaschutz", berichtet Dr. Sönke Brodersen von der KSB AG und ergänzt: „im Rahmen von CSR-Audits fordern Kunden häufiger als früher Angaben über unsere CO_2-Emissionen." Es zeichnet sich eine klare Tendenz ab: Fehlende Daten oder schlechte Kennzahlen entwickeln sich zu einem Handicap im Wettbewerb.

Aber die Befriedigung externer Erwartungen ist nicht das einzige Argument, das für ein ausgefeiltes CO_2-Reporting spricht. Das Unternehmen selbst kann von der Erfassung der Treibhausgas-Emissionen erheblich profitieren. Da CO_2 vor allem bei der Verbrennung fossiler Energieträger freigesetzt wird, lässt sich der Großteil der CO_2-Emissionen aus dem Verbrauch von Öl, Kohle und Gas ermitteln. Im Umkehrschluss bedeutet ein geringerer CO_2-Ausstoß deshalb weniger Energieeinsatz – und damit sinkende Kosten. Die Messung der CO_2-Emissionen ist deshalb auch ein wirkungsvolles Instrument für Unternehmen, um Ansatzpunkte für die Verbesserung ihrer Energieeffizienz zu entdecken.

Carbon Controlling: den CO_2-Emissionen auf der Spur

Angaben über CO_2-Emissionen haben nur dann eine Signalwirkung nach innen und außen, wenn ihnen verlässliche Daten zugrunde liegen. Diese zu liefern und zu interpretieren ist die Kernaufgabe des Carbon Controlling, das „insbesondere die Aufgaben von Carbon Accounting, Zielsetzung, Planung und Reporting vereinen" sollte.[8]

Derzeit sind Unternehmen und ihre Stakeholder allerdings mit dem Problem konfrontiert, dass es noch keine einheitlichen globalen Standards für das Carbon Controlling gibt. Das Accounting-Tool mit der größten internationalen Verbreitung ist das Greenhouse Gas Protocol (GHG Protocol), das in einer gemeinsamen Initiative des World Resources Institute und dem World Business Council for Sustainable Development entstanden ist.

Die Richtlinien des GHG Protocol bilden den Rahmen fast aller weltweit gebräuchlichen Standards für die Erfassung und das Reporting von CO_2. Auch die einschlägigen Normen der ISO (International Organization for Standardization) orientieren sich am GHG Protocol: Die ISO-14000er-Familie definiert die grundlegenden Regeln für die Bestimmung und Verifizierung von Treibhausgasemissionen. Die ISO-Norm 14067 zur Ermittlung des Carbon Footprints wird aber voraussichtlich erst 2011 verabschiedet.[9]

Die internationale Harmonisierung der Standards zum Emissionsreporting ist das Ziel des Climate Disclosure Standards Board (CDSB), das 2007 auf dem

World Economic Forum gegründet wurde.[10]

Bei der Erfassung und dem Reporting des CO_2-Ausstoßes gibt es verschiedene Konzepte. Das GHG Protocol unterteilt die Emissionen nach Scope 1, Scope 2 und Scope 3:[11]

- **Scope 1** umfasst alle innerhalb eines Unternehmens entstandenen Emissionen.
- **Scope 2** umfasst alle CO_2-Emissionen, die bei der Erzeugung der innerhalb eines Unternehmens verbrauchten Energie entstanden sind.
- **Scope 3** umfasst weitere CO_2-Emissionen, die als Konsequenz der Geschäftsaktivitäten eines Unternehmens bei dessen Geschäftspartnern (Lieferanten, Kunden, Vermieter etc.) entstehen.

Eine andere Klassifizierung unterscheidet zwischen Gate-to-Gate-Bilanzen (direkte Emissionen eines Unternehmens), Cradle-to-Gate-Bilanzen (direkte Emissionen plus Emissionen aus Vorleistungen) und Cradle-to-Grave-Bilanzen (Emissionen aus dem gesamten Lebenszyklus eines Produkts).

Es ist wenig aussagekräftig, in der Treibhausgas-Bilanz eines Unternehmens nur dessen direkte Emissionen zu berücksichtigen. Um ein realistisches Bild des CO_2-Ausstoßes zu zeichnen, müssen die Vorleistungen mit einbezogen werden. Die Treibhausgas-Bilanz eines produzierenden Unternehmens aus der Branche Mess- und Regelungstechnik macht dies deutlich: Lediglich 10 Prozent des Treibhausgas-Ausstoßes stammen aus direkten Emissionen, 90 Prozent dagegen aus indirekten Emissionen.

Die BASF SE setzt bei der Bilanz ihrer CO_2-Emissionen auf den Cradle-to-Grave-Ansatz: „Die Analyse des gesamten Lebensweges ist Grundlage für die Entwicklung neuer Lösungen." Für seine CO_2-Bilanz erfasst der Chemiekonzern neben dem in der eigenen Produktion verursachten CO_2-Ausstoß (Scope 1- und Scope 2-Emissionen GHG Protokoll) die Emissionen bei der Gewinnung von Rohstoffen, der Herstellung von Vorprodukten und der Entsorgung.

Diese Emissionen werden den CO_2-Einsparungen gegenübergestellt, die die BASF-Produkte für den Klimaschutz während ihrer Nutzungsphase ermöglichen. 3:1 lautet das Ergebnis dieser vom Öko-Institut Freiburg bestätigten Berechnungen; das heißt, CO_2-Einsparungen von 287 Millionen Tonnen steht ein CO_2-Ausstoß von 90 Millionen Tonnen gegenüber.[12]

Es empfiehlt sich, für das Carbon Accounting keine Parallelstrukturen neben den bereits existierenden Kostenrechnungssystemen zu schaffen: Integrierte Systeme sorgen für mehr Konsistenz und Transparenz. Die Deutsche Post DHL (Umsatz 2009 46,2 Mrd. Euro, etwa 500.000 Mitarbeiter in 220 Ländern) hat ihr Carbon Accounting nach den Strukturen des Finanz- und Rechnungswesens aufgebaut.

Ein wesentlicher Antrieb für diese Pionierarbeit war das Klimaschutzprogramm „GoGreen"; bis 2020 will die Deutsche Post AG ihre eigene CO_2-Effizienz und die ihrer Subunternehmer um 30 Prozent gegenüber dem Vergleichsjahr 2007 verbessern. Mit dem Carbon Accounting will der Post- und Logistikkonzern messen, ob diese Ziele erreicht werden. „Das bisherige Verfahren, über Sonderabfragen einmal im Jahr einen Wert zu ermitteln, reicht hierfür nicht aus", erklärt Dr. Klaus Hufschlag.

Um den Carbon-Footprint systemgestützt für den gesamten Konzern zu ermitteln, so der Senior-Experte in der Zentralabteilung „Common Reporting System (CREST)" der Deutschen Post AG, müssen die tatsächlichen Verbrauchs- und Emissionsdaten bottom-up nach einheitlichen Standards in einer monatlichen weltweiten Vollerhebung erfasst werden.

Das Carbon Controlling ist in das „Common Reporting System – CREST" des Post- und Logistikkonzerns integriert, was die Verzahnung mit dem Finanz- und Managementreporting sicherstellt. Auf diese Weise hat sich das Carbon Controlling als Teil des Standardberichtswesens der Deutschen Post AG entwickelt.[13]

Das Beispiel zeigt: Die Integration des Carbon Controlling in Systeme des Finanz- und Rechnungswesens ist möglich – jedoch fordert die Komplexität des Prozesses von allen Beteiligten ein hohes Maß an Engagement. Nachdenklich stimmt in diesem Kontext allerdings, dass sich gerade die Controller reserviert zeigen, wenn es um die CO_2-Thematik geht: In einer Studie gaben mehr als zwei Drittel der befragten Controller an, dass sie die CO_2-Effizienz als Kennzahl im Standardreporting sowie die Ermittlung der CO_2-Zielerreichung durch das Controlling für „unwichtig" halten.[14]

An dieser Stelle sei darauf hingewiesen, dass der Product Carbon Footprint (PCF) als Kennzeichnung für einzelne Produkte im Business-to-Consumer-Bereich durchaus kontrovers diskutiert wird. Kritisiert wird vor allem, dass die nötigen Daten zum einen schwer zu erfassen sind, zum anderen eine Momentaufnahme widerspiegeln. Veränderungen der Lieferantenstruktur oder der Transportwege würden eigentlich die sofortige Anpassung der Kennzeichnung erfordern. Nur dann könnte der PCF tatsächlich dem Anspruch gerecht werden, als Wegweiser für klimabewusste Verbraucherentscheidungen zu fungieren.

Es bestehen allerdings Zweifel, ob diese Aktualisierung tatsächlich zu leisten ist. Deshalb stellen einige Fachleute das Konzept produktbezogener Carbon Footprints infrage: „Der Carbon Footprint als Metapher ist zwar eingängig, wird aber in der Praxis kaum helfen, klimafreundlicher zu konsumieren. Dazu werden die Ergebnisse für einzelne Produkte zu ungenau sein, um Entscheidungen zwischen konkurrierenden Produkten trennscharf zu unterstützen."[15]

Sustainable Reporting lässt Zahlen sprechen

Die Erstellung einer CO_2-Bilanz hat nicht nur eine zentrale Funktion für das Management der CO_2-Emissionen. Nachhaltigkeitskennzahlen spielen eine wesentliche Rolle für die Kommunikation mit den Stakeholdern. Immer mehr Unternehmen veröffentlichen Nachhaltigkeitsberichte.

Seit 2007 geht die BASF SE neue Wege und präsentiert einen integrierten Nachhaltigkeits- und Geschäftsbericht. Damit setzt der Chemiekonzern ein klares Signal, dass er Nachhaltigkeit nicht parallel zum Kerngeschäft betreibt, sondern als festen Bestandteil der Strategie betrachtet. Die Resonanz auf diesen Ansatz ist durchweg positiv: Der BASF-Bericht 2008 wurde vom Rat für Nachhaltige Entwicklung der Bundesregierung zum „Besten Nachhaltigkeitsbericht" gekürt. Ein Auszug aus der Begründung der Jury: „Das Ranking bewertet die Transparenz, die Vollständigkeit und damit die Glaubwürdigkeit der veröffentlichten Informationen zu unterschiedlichen Nachhaltigkeitsthemen wie Umweltschutz oder Arbeitgeberverantwortung." Auch bei der Auszeichnung als weltweit bestes Chemieunternehmen im Dow Jones Sustainability Index war die Umwelt- und Sozialberichterstattung der BASF SE ein wesentliches Kriterium.

Auf einen Blick: die wichtigsten Thesen des Buches

Klimawandel und Ressourcenknappheit setzen weltweit neue Rahmenbedingungen für Gesellschaften und Ökonomien. Gesellschafter, Manager und Führungskräfte sind deshalb gut beraten, sich rechtzeitig mit den Auswirkungen dieser Megatrends auf das Geschäftsmodell ihres Unternehmens auseinander zu setzen. Die möglichen Auswirkungen dieser Phänomene müssen in die langfristige strategische Planung integriert werden.

Die Megatrends Klimawandel und Ressourcenknappheit verändern das Umfeld von Unternehmen massiv, weil sie ein Umdenken bei den Stakeholdern auslösen und deren Erwartungen und Bedürfnisse erheblich beeinflussen. Dieser Trend verstärkt den Handlungsdruck auf Unternehmen, ihre Geschäftsstrategie an den sich wandelnden Ansprüchen der wichtigen Stakeholder-Gruppen Kunden, Investoren und Staat auszurichten.

Die Auswirkungen der Megatrends Klimawandel und Ressourcenknappheit sind für Unternehmen ambivalent: Um die Risiken zu meistern und die Chancen zu nutzen, müssen sich Unternehmen den Herausforderungen dieser Megatrends aktiv stellen. Eine systematische Auseinandersetzung bedeutet, die Chancen und Risiken zu untersuchen, die sich aus diesen Megatrends für die eigene Branche bzw. das eigene Geschäftsmodell ergeben. Diese Analyse muss entlang der gesamten Wertkette erfolgen.

Bei der Betrachtung der Risiken lassen sich die Kategorien physische Auswirkungen des Klimawandels und wirtschaftliche Folgen unterscheiden. Zu Letzteren gehören beispielsweise verschärfte Regulierungsvorschriften und Veränderungen auf der Angebots- oder Nachfrageseite des Marktes. Diesen Risiken stehen Chancen gegenüber, denn die strategische Ausrichtung des Geschäftsmodells an den Megatrends Klimawandel und Ressourcenknappheit eröffnet Unternehmen neue Möglichkeiten, etwa die Ansprache neuer Zielgruppen oder die Ergänzung des Leistungsportfolios durch umweltfreundliche Produkte. Auch können sich Anbieter durch nachhaltiges Handeln im Wettbewerb differenzieren.

Der Ansatz Sustainable Business ist das Konzept, mit dem Unternehmen die Herausforderungen der Megatrends Klimawandel und Ressourcenknappheit nicht nur bewältigen, sondern für ihre erfolgreiche Positionierung im Wettbewerb nutzen können. Der Weg zu diesem Ziel besteht darin, eine individuelle Strategie der Green Transformation zu entwickeln. Im Wesentlichen geht es dabei um die Identifizierung und Bewertung von Chancen und Risiken entlang der Wertschöpfungskette.

Die Green Transformation ist ein tiefgreifender Veränderungsprozess: Es gilt, neue Maßstäbe zu definieren, einzuführen und zu verankern, und zwar auf allen Ebenen und in allen Geschäftseinheiten eines Unternehmens. Dieser Kraftakt kann nur gelingen, wenn das Konzept Sustainable Business integraler Bestandteil der Unternehmensstrategie ist.

Für das Gelingen des nachhaltigen Transformationsprozesses sind vier Faktoren entscheidend: das Engagement der Führungsebene, klare Zielvorgaben, Festlegung von Strukturen und Abläufen sowie die Motivierung der Mitarbeiter.

Für die Wettbewerbsfähigkeit eines Unternehmens spielen die Beschaffungsprozesse eine wichtige Rolle, denn sie tragen zur Kostensenkung bei und beeinflussen erheblich die Flexibilität und Qualität der Leistungserstellung. Diese strategischen Potenziale des Einkaufs müssen auch im Rahmen der Green Transformation erschlossen werden. Zusätzlich kommt es darauf an, das Lieferantenmanagement an nachhaltigen Zielen auszurichten. Dabei gilt es, strenge Maßstäbe bei der Bewertung von Risiken anzulegen: Ein Unternehmen muss sicherstellen, dass seine Lieferanten ökologische und soziale Standards einhalten.

Mit der heute verfügbaren Technologie kann in Europa der Endenergieverbrauch um rund 20 bis 30 Prozent reduziert werden, wenn bei der Sanierung oder dem Ersatz von Anlagen und Geräten energieeffiziente Lösungen zum Einsatz kommen. Eine Steigerung der Energieeffizienz hat erhebliche Vorteile, sowohl für den Klimaschutz als auch für die Volkswirtschaft: niedrigere Kosten, weniger Abhängigkeit von fossilen Energieträgern und geringere CO_2-Emissionen. Der sparsame Verbrauch von Energie schafft eine Win-win-Situation für Umwelt und Unternehmen. Energieeffizienz senkt den Energieverbrauch und entlastet die Unternehmen auf der Kostenseite. Gleichzeitig sinkt die Empfindlichkeit gegenüber Schwankungen bzw. Erhöhungen der Preise fossiler Energieträger. Wichtige Handlungsfelder bei der Verbesserung der Energieeffizienz sind innovative Technologien und Dienstleistungen, Prozessoptimierung, Green IT, Logistik und nachhaltiges Immobilienmanagement.

Die Rohstoffmärkte sind seit der Jahrtausendwende von einem strukturellen Ungleichgewicht aus einer rasant steigenden Nachfrage und einem knappen Angebot geprägt. Dieser Trend spiegelt sich in der Preisentwicklung wider: So haben sich beispielsweise die Preise für Nichteisen-Metalle seit 2000 verdoppelt, die Preise für Eisenrohstoffe haben sich vervierfacht. Steigende Preise, Verknappung der Vorkommen und die Belastung der Umwelt bei der Gewinnung, dem Transport und der Verarbeitung von Rohstoffen sind gewichtige Argumente, um den Verbrauch der natürlichen, endlichen Ressourcen nach Möglichkeit einzuschränken. Nach Schätzungen könnten bis 2016 in Deutschland etwa ein Fünftel der in der Produktion verbrauchten Rohstoffe eingespart werden. Um dieses Potenzial zu heben, müsste die Rohstoffproduktivität erheblich steigen. Erfolgreiche Beispiele aus Unternehmen zeigen schon heute, dass die Verbesserung der Rohstoffeffizienz machbar ist und Kosten senkt.

Innovation ist der Wachstumstreiber schlechthin. Neue und verbesserte Produkte und Leistungen sind unabdingbar für die Differenzierung im Wettbewerb; sie verschaffen einem Unternehmen den entscheidenden Vorsprung im Wettbewerb. Im Rahmen der Green Transformation besteht die zentrale Aufgabe bei der Entwicklung neuer Produkte und Leistungen darin, das Innovationsmanagement an den Megatrends Klimawandel und Ressourcenknappheit auszurichten. Grundsätzlich zielen nachhaltige Innovationen vor allem auf die Minderung der CO_2-Emissionen und die Steigerung der Ressourceneffizienz in allen Phasen des Lebenszyklus eines Produktes. Daraus ergeben sich zwei Stoßrichtungen: zum einen die nachhaltige Gestaltung der Lieferkette und der Leistungserstellung im eigenen Unternehmen; zum anderen geht es um die ökologischen Effekte eines Produktes oder einer Dienstleistung beim Abnehmer. Ansatzpunkte für neue Märkte und neue Produkte, die im Wettbewerb punkten können, ergeben sich, wenn ein Unternehmen Lösungen anbietet, die die Energie- und Ressourceneffizienz seiner Kunden nachhaltig verbessern und über diesen Hebel zur Minderung der CO_2-Emissionen beitragen.

Das Konzept Sustainable Business bietet Unternehmen die Möglichkeit, sich am Markt zu differenzieren. Um diese Chance zu ergreifen, muss Nachhaltigkeit ein zentraler Bestandteil der Public-Relations- und Marketing-Aktivitäten eines Unternehmens werden. Dabei müssen sich Unternehmen mit drei Kernfragen auseinander setzen: mit der Wahrnehmung ihrer Marke, dem Stellenwert der Nachhaltigkeit in der Werteskala (potenzieller) Kunden sowie mit dem Akquisitionspotenzial einer „grünen Positionierung". Jedoch sollten Unternehmen nicht der

Versuchung erliegen, „grünen" Etikettenschwindel zu betreiben. Wer Unternehmen und Produkte als nachhaltig präsentiert, die diesem Anspruch nicht gerecht werden, geht ein hohes Risiko ein: „Greenwashing" kann der Reputation eines Unternehmens und dem Markenimage erheblichen Schaden zufügen.

Stakeholder wie Kunden, Investoren und der Staat geben sich nicht mehr mit Absichtserklärungen zufrieden, sondern fordern harte Zahlen und Fakten: Die Ergebnisse einer Green Transformation müssen sich messen lassen. Spezielle Leistungsindikatoren zeigen auf einen Blick, wo ein Unternehmen bei der nachhaltigen Umgestaltung seiner Produkte und Prozesse steht. Solche KPIs (Key Performance Indicators) liefern aber nicht nur externen Adressaten wertvolle Informationen über die Fortschritte bei der Umsetzung des Konzepts Sustainable Business, sondern auch dem Management eines Unternehmens. Dies stellt das Controlling vor völlig neue Herausforderungen, vor allem bei der Erfassung der CO_2-Emissionen.

Eine Bemerkung zum Schluss

Dieses Buch will Denkanstöße geben: Wie können Unternehmen rechtzeitig auf den Klimawandel und Ressourcenknappheit reagieren und mögliche Auswirkungen in ihre strategische Planung integrieren? In den vorangehenden Kapiteln haben wir gezeigt, dass Unternehmen mit dem Konzept Sustainable Business Antworten auf die Frage finden, wie sie pro-aktiv mit den Herausforderungen des Klimawandels und der Ressourcenknappheit umgehen und sich neue Geschäftsfelder erschließen können. Wir haben gezeigt, dass schon heute viele Unternehmen die Risiken, die aus diesen Megatrends resultieren, erfolgreich managen und die Chancen nutzen.

Die dargestellten Beispiele lassen sich sicherlich nicht eins zu eins kopieren; sie machen jedoch deutlich: nachhaltige Unternehmensführung und erfolgreiche Unternehmensführung sind keine Widersprüche, sondern bedingen einander. Diese Erkenntnis in alle Facetten des strategischen und operativen Managements eines Unternehmens zu integrieren, ist kein leichtes Unterfangen. Die Green Transformation verlangt Unternehmen Zeit und Energie ab. Aber diese Investitionen lohnen sich, denn die Rahmenbedingungen, die vom Klimawandel und Ressourcenknappheit gesetzt werden, lassen langfristig keine Alternative zum Konzept des Sustainable Business zu.

Glossar

CO_2 · Kohlendioxid; mit einem Anteil von mehr als 75 Prozent hat CO_2 den größten Anteil am globalen Ausstoß von Treibhausgasen. Das Gas wird überwiegend durch die Verbrennung fossiler Energieträger wie Kohle, Erdöl und Erdgas emittiert.

CO_2e · siehe CO_2-Äquivalent

CO_2-Äquivalent · Die Wirkung einer bestimmten Menge eines Treibhausgases auf den Treibhauseffekt wird durch das sogenannte Global Warming Potential (GWP; deutscher Begriff: Treibhauspotenzial) ausgedrückt. Beschrieben wird dabei die mittlere Erwärmungswirkung über einen bestimmten Zeitraum. Das Treibhauspotenzial jedes Treibhausgases wird dabei auf Kohlendioxid (CO_2) umgerechnet. So entspricht beispielsweise 1 kg Methan 21 kg CO_2-Äquivalent.[1]

Bruttoinlandsprodukt · Wachstumsindikator für die volkswirtschaftliche Gesamtleistung eines Staates in einem bestimmten Zeitraum. Das Bruttoinlandsprodukt (BIP) umfasst die Summe aller von In- und Ausländern innerhalb einer Volkswirtschaft für den Endverbrauch produzierten Güter und erbrachten Dienstleistungen.

Endenergie · wird durch Umwandlung aus Primärenergie gewonnen; Endenergie (Sekundärenergie) liegt meistens als elektrische, thermische oder mechanische Energie vor und ist für den Endverbraucher unmittelbar oder mittelbar (durch weitere Umwandlungen) nutzbar.

Energieerzeugung · gängiger, aber wissenschaftlich falscher Begriff. Nach dem Energieerhaltungssatz kann Energie prinzipiell weder erzeugt noch vernichtet, sondern lediglich in unterschiedliche Erscheinungsformen gewandelt werden.

Energieverbrauch · gängiger, aber wissenschaftlich falscher Begriff für die Energieverwendung. Nach dem Energieerhaltungssatz kann Energie prinzipiell weder erzeugt noch vernichtet werden. Ihre verschiedenen Erscheinungsformen – beispielsweise mechanische Energie, Arbeit, elektrische Energie oder Wärme – lassen sich ineinander umwandeln.

Energieeffizienz · bezieht sich auf das Verhältnis von erzieltem Nutzen und eingesetzter Energie. Eine Steigerung der Energieeffizienz bedeutet entweder mehr Output bei gleichbleibendem Input oder gleichbleibender Output bei weniger Input.

Energieintensität · Indikator für den effizienten Umgang mit Energie: Er drückt aus, wie viele Energieeinheiten an Primärenergie notwendig sind, um eine Einheit des Bruttoinlandsprodukts herzustellen.

Energieproduktivität · Indikator für den effizienten Umgang mit Energie: Er misst das Verhältnis von Output (preisbereinigtes Bruttoinlandsprodukt) zu Input (Primärenergieverbrauch).

Energieträger · alle Quellen oder Stoffe, in denen Energie mechanisch, thermisch, chemisch oder physikalisch gespeichert ist.[2]

Erneuerbare Energieträger · Erneuerbare Energieträger sind Energiequellen, die unter ständiger Regeneration aus natürlichen Prozessen abgeleitet werden. Zu den erneuerbaren Energien zählen unter anderem Wasserkraft, Windkraft, Solarenergie und Geothermie, aber auch Biomasse wie Brennholz und der biologisch abbaubare Anteil von Abfällen aus Haushalten.[3]

Fossile Energieträger · bestehen vor allem aus den Ressourcen Braunkohle, Steinkohle, Erdöl und Erdgas. Durch biologische und physikalische Prozesse wurde in geologischer Vorzeit Biomasse – Abbauprodukte von toten Pflanzen und Tieren – in fossile Energieträger gewandelt.

Gigawattstunden · 1 Gigawattstunde (GWh) = 1 Million kWh = 10^9 Wattstunden (Wh)

Joule · gesetzliche Einheit der Arbeit und Energie.
1 Joule (J) = 1 Newtonmeter (Nm) = Wattsekunde

Kilowattstunde · 1 Kilowattstunde (kWh) = 1000 Wattstunden = 10^3 Wh

Kohlendioxid · siehe CO_2

Kraft-Wärme-Kopplung · gleichzeitige Erzeugung von Strom und Wärme.[4]

Megatonne Öleinheiten · siehe Rohöleinheiten

Megawattstunden · 1 Megawattstunde (MWh) = 1000 kWh = 10^6 Wattstunden (Wh)

Mtoe · Abkürzung für Million tons of oil equivalent oder Megatonne Öleinheiten.

Öleinheiten · Siehe Rohöleinheiten

Petawattstunde · 1 Petawattstunde (PWh) = 1 Billion Kilowattstunden (kWh) = 10^{15} Wattstunden (Wh)

ppm · parts per million, Millionstel Anteile.

Primärenergie · in den natürlichen Energieträgern (beispielsweise Kohle, Erdöl, Erdgas, Wasser, Sonnenstrahlung) enthaltene Energie. Aus der Primärenergie wird durch Umwandlung Endenergie (Sekundärenergie) gewonnen.

Rohöleinheiten (RÖE) · gleichbedeutend mit Öleinheit oder oil equivalent; Maßeinheit für die in Heizstoffen vorhandene

Energie bzw. den Energieverbrauch.
1 kg RÖE = 41.868 J = 11,63 kWh

Rohstoffproduktivität · drückt aus, welche Menge an abiotischem Primärmaterial eingesetzt wird, um eine Einheit Bruttoinlandsprodukt zu erwirtschaften. Zum abiotischen Primärmaterial zählen die im Inland entnommenen Rohstoffe – ohne land- und forstwirtschaftliche Erzeugnisse – und alle importierten abiotischen Materialien (Rohstoffe, Halb- und Fertigwaren).[5]

Sekundärenergie · siehe Endenergie

Treibhauseffekt, anthropogener · durch menschliche Aktivitäten verursachte Anreicherung der Treibhausgase in der Erdatmosphäre, die zu einer globalen Erwärmung führt.

Treibhauseffekt, natürlicher · Eigenschaft der Erdatmosphäre, die Wärmeabstrahlung der Erdoberfläche und bodennaher Luftschichten in das Weltall zu verhindern. Ohne diesen natürlichen Treibhauseffekt, an dem als natürliche Treibhausgase vor allem Wasserdampf und Kohlendioxid sowie andere Gase beteiligt sind, läge die bodennahe Mitteltemperatur auf der Erde bei -18 Grad Celsius.

Treibhausgase · zu den Treibhausgasen zählen gemäß der internationalen Vereinbarung von Kyoto folgende Stoffe: Kohlendioxid (CO_2), Methan (CH_4), Distickstoffoxid = Lachgas (N_2O), teilhalogenierte Fluorkohlenwasserstoffe (H-FKW/HFC), perfluorierte Kohlenwasserstoffe (FKW/PFC) und Schwefelhexafluorid (SF_6). Diese Emissionen entstehen vorwiegend bei der Verbrennung fossiler Energieträger wie Kohle, Erdöl und Erdgas.[6]

Triple Bottom Line · von John Elkington 1994 geprägter Begriff; „bottom line" steht im Englischen für den Schlussstrich unter der Gewinn- und Verlustrechnung. Der britische Autor und Berater hat diesen Ausdruck um die Dimensionen Umwelt und Gesellschaft erweitert.[7]

Terawattstunde · 1 Terawattstunde (TWh) = 1 Milliarde Kilowattstunden (kWh) = 10^{12} Wh

Watt · gesetzliche Einheit der Leistung (physikalische Größe, die pro Zeiteinheit verrichtete Arbeit).
1 Watt (W) = 1 J/s = Nm/s

Wattstunde · Abkürzung Wh, eine Maßeinheit der Arbeit, abgeleitet aus der Einheit Joule. Die Einheit Wattstunde wird meistens mit dem dezimalen Vorsatz „Kilo" verwendet; 1 Wh = 3600 Ws (Wattsekunde) = 3600 Joule = 3,6 Kilojoule (kJ).

United Nations Global Compact · Globaler Pakt der Vereinten Nationen, eine 1999 vom ehemaligen UN-Generalsekretär Kofi Annan ins Leben gerufene Initiative, die Unternehmen weltweit dazu aufruft, sich öffentlich zu folgenden zehn Prinzipien zu bekennen und aktiv für ihre Umsetzung einzutreten:[8]
Im Original lauten diese Grundsätze:
„Human Rights
  Principle 1: Businesses should support and respect the protection of internationally proclaimed human rights; and
  Principle 2: make sure that they are not complicit in human right abuses.
Labour Standards
  Principle 3: Businesses should uphold the freedom of association and the effective recognition of the right to collective bargaining;
  Principle 4: the elimination of all forms of forced and compulsory labour;
  Principle 5: the effective abolition of child labour; and

Principle 6: the elimination of discrimination in respect of employment and occupation.

Environment

Principle 7: Businesses should support a precautionary approach to environmental challenges;

Principle 8: undertake initiatives to promote greater environmental responsibility; and

Principle 9: encourage the development and diffusion of environmentally friendly technologies.

Anti-Corruption

Principle 10: Businesses should work against corruption in all its forms, including extortion and bribery."

Quellenangaben

Einführung

[1] http://www.co2-handel.de/article306_13960.html (18. Mai 2010).

[2] http://ec.europa.eu/news/energy/080123_1_de.htm (31. Mai 2010).

[3] http://www.nachhaltigkeitsrat.de/news-nachhaltigkeit/2010/2010-03-18/china-beschleunigt-ausbau-erneuerbarer-energien/?size=2 (16. April 2010).

[4] Pressemitteilung der Allianz Global Investors vom 18.01.2010 (http://www.allianzglobalinvestors.de/ueber_uns/presse/mitteilungen/2010/PM20100118_1.html; 18.05.2010).

[5] In den folgenden Kapiteln werden deshalb die Begriffe „Sustainable Business" und „nachhaltige Unternehmensführung" synonym verwendet.

[6] Benannt nach der Vorsitzenden der Kommission, der ehemaligen norwegischen Ministerpräsidentin Gro Harlem Brundtland.

[7] Bernd Meyer: Wie muss die Wirtschaft umgebaut werden? Perspektiven einer nachhaltigen Entwicklung. Bonn 2008, S. 10.

Kapitel 1: Megatrends

[1] Zitiert nach: Atlas der Globalisierung spezial Klima. Berlin 2008, S. 13.

[2] Prof. Dr. Guy Brasseur ist Leiter des 2009 gegründeten Climate Service Center am GKSS-Forschungszentrum in Geesthacht und einer der Hauptautoren des vierten Sachstandsberichts des IPCC. (http://www.zeit.de/2010/10/Interview-Brasseur; 18. Mai 2010).

[3] IPCC Fourth Assessment Report.

[4] Originalstelle: „Most of the observed increase in global average temperatures since the mid-20th century is very likely due to the observed increase in anthropogenic GHC concentrations. It is likely that there has been significant anthropogenic warming over the past 50 years averaged over each continent (except Antarctica)." (http://www.ipcc.ch/publications_and_data/ar4/syr/en/spms2.html; 18.05.2010).

[5] Fischer Weltalmanach 2010. Frankfurt am Main 2009, S. 726.

[6] Wissenschaftlicher Beirat der Bundesregierung Globale Umweltveränderungen (WBGU): Klimawandel: Warum 2°C?, Factsheet 2/2009, S. 1.

[7] Ebenda.

[8] Ebenda, S. 3.

[9] UNSW Climate Change Research Centre: The Copenhagen Diagnosis. Updating the World on the Latest Climate Science, Sidney 2009, S. 38.

[10] Fischer Weltalmanach 2010. Frankfurt am Main 2009, S. 728.

[11] Bernd Meyer: Wie muss die Wirtschaft umgebaut werden? Perspektiven einer nachhaltigen Entwicklung. Bonn 2008, S. 45.

[12] http://www.bpb.de/themen/WL9MSS,0,St%E4dtische_Bev%F6lkerung.html (31.05.2010).

[13] BP Statistical Report of World Energy June 2009, S. 40.

[14] International Energy Agency (IEA): World Energy Outlook 2009. Zusammenfassung. German Translation, S. 4.

[15] Ebenda, S. 5.

[16] Ebenda, S. 7.

[17] Süddeutsche Zeitung, 14. April 2010, S. 17: „Öl macht das Leben wieder teuer".

[18] Angabe in Dollarwerten von 2008. International Energy Agency (IEA): World Energy Outlook 2009. Zusammenfassung. German Translation, S. 8.

[19] Pressemitteilung des Instituts für Weltwirtschaft (ifW) vom 5. November 2009 (http://www.ifw-kiel.de/medien/pressemitteilungen/2009/pm05-11-09; 2. März 2010).

[20] Claudia Kempfert: Die Ökonomie des Klimawandels – Warum Nichtstun teuer werden kann. In: Geographische Rundschau. Jahrgang 61, Heft 9/2009. S. 20-26. S. 22.

[21] Ebenda.

Kapitel 2: Stakeholder

[1] Freeman, R. Edward: Strategic Management. A Stakeholder Approach. Boston 1984, S. 31.

[2] OTTO Group Trendstudie 2009: Die Zukunft des ethischen Konsums. S. 5.

[3] Pressemitteilung der GfK Gruppe vom 9. Oktober 2009 (http://www.gfk.com/group/press_information/press_releases/004741/index.de.html; 9. März 2010).

[4] Presseerklärung der Deutschen Telekom AG vom 22.04.2010: „Deutsche Telekom sucht Dialog mit 65.000 ‚Utopisten'" (http://www.telekom.com/dtag/cms/content/dt/de/595698?archivArticleID=851658; 19. Mai 2010).

[5] Manfred Esser, Mitglied des Vorstands der REWE Group, REWE Group Nachhaltigkeitsbericht 2008, S. 18.

[6] Terry Leahy, CEO von Tesco PLC. Tesco PLC Annual Report and Financial Statement, S. 5.

[7] http://www.rewe-group.com/nachhaltigkeit/gruene-produkte/produktkennzeichnung/pro-planet/ (19. Mai. 2010).

[8] Mike Duke, CEO Wal-Mart Stores Inc., 16. Juli 2009, zitiert nach Sustainability_Index_Fact_Shee.pdf (http://walmartstores.com/pressroom/FactSheets/; 20. März 2010).

[9] Roland Berger Strategy Consultants: eigene Berechnungen.

[10] http://www.nachhaltigkeitsrat.de/news-nachhaltigkeit/2010/2010-01-21/wichtige-finanzinvestoren-blenden-klimawandel-aus/?size=2 (8. März 2010).

[11] Berenberg Bank, Hamburgisches WeltWirtschaftsInstitut: Strategie 2030 – Klimawandel. Hamburg 2007, S. 50.

[12] https://www.cdproject.net/en-US/WhatWeDo/Pages/overview.aspx (31. Mai 2010).

[13] Carbon Disclosure Project Bericht 2009 Deutschland. S. 12.

[14] Ebenda, S. 9.

[15] Pressemitteilung der GLS Bank vom 9. Februar 2010 (http://www.gls.de/die-gls-bank/presse/pressearchiv/detail/datum/2010/02/09/um-ein-drittel-gewachsen-gls-bank-macht-sinn-fuer-kunden.html; 8. März 2010).

[16] Pressemitteilung der UmweltBank vom 9. Februar 2010 (http://www.umweltbank.de/presse/default.html; 31. Mai 2010).

[17] Carbon Disclosure Projekt Bericht 2009 Deutschland, S. 33.

[18] Carbon Disclosure Projekt Bericht 2009 Deutschland, S. 32.

[19] Energy-Using-Product-Directive.

[20] Pressemitteilung des Bundesministeriums für Umwelt, Naturschutz und Reaktorschutz Nr. 041/10 vom 24. März 2010 (http://www.bmu.de/pressemitteilungen/aktuelle_pressemitteilungen/pm/45805.php; 31. Mai 2010).

[21] Bundesministerium für Umwelt, Naturschutz und Reaktorschutz (Hrsg.): Green-Tech made in Germany 2.0. München 2009, S. 18.

[22] EHRL-Richtlinie 2003/87/EG vom 13. Oktober 2003, Stand 25.Juni 2009 (http://ec.europa.eu/environment/climat/emission/index_en.htm; 31. Mai 2010).

[23] http://www.finanzen.net/nachricht/aktien/EU-Kommission-kuendigt-Vorschlag-fuer-CO2-Steuer-an-752328 (9. März 2010).

[24] http://tagesschau.de/ausland/cozweisteuer100.html (9. März 2010).

Kapitel 3: Chancen und Risiken der Megatrends

[1] „Glücksfall Euro", Artikel auf Zeit online vom 3. März 1998, (http://www.zeit.de/1998/33/Gluecksfall_Euro; 31. Mai 2010).

[2] WestLB Panmure: Von Economics zu Carbonomics. Düsseldorf 2003, S. 5.

[3] Pressemitteilung oekom research und HypoVereinsbank vom 14. Dezember 2009 (http://www.oekom-research.de/index.php?content=pressemitteilung_14122009; 31. Mai 2010).

[4] Rolf D. Häßler, Direktor Business Development von oekom research, Pressemitteilung oekom research und HypoVereinsbank vom 14. Dezember 2009 (http://www.oekom-research.de/index.php?content=pressemitteilung_14122009; 31. Mai 2010).

[5] Carbon Disclosure Project Bericht 2009 Deutschland, S. 31.

[6] BASF SE: Geschäftsbericht 2009, S. 107.

[7] Carbon Disclosure Project Bericht 2009 Deutschland, S. 30.

[8] http://www.bmwgroup.com/d/nav/index.html?../ 0_0_www_bmwgroup_com/home/home.html&source=overview (20.05.2010).

[9] Carbon Disclosure Project Bericht 2009 Deutschland, S. 18.

[10] Ebenda.

[11] http://www.bmwgroup.com/d/nav/index.html?../ 0_0_www_bmwgroup_com/home/home.html&source=overview (20. Mai 2010).

[12] http://www.vdma.org/wps/portal/Home/de/Verband/VDMA_Presse/Pressemitteilungen/komm_A_20091201_MS_PI_Studien%20Energieeffizienz?WCM_GLOBAL_CONTEXT=/vdma/Home/de/Verband/VDMA_Presse/Pressemitteilungen/komm_A_20091201_MS_PI_Studien%20Energieeffizienz (29.05.2010).

[13] Roland Berger Strategy Consultants: eigene Berechnungen.

Kapitel 4: Green Leadership

[1] Dr. Jürgen Hambrecht, Vorsitzender des Vorstands der BASF SE, Zitat aus dem BASF Bericht 2008, S. 4.

² http://www.basf.com/group/corporate/de/sustainability/environment/climate-protection/climate-protection-officer (31. Mai 2010).

Kapitel 5: Green Procurement

¹ Christian Herzig/Stefan Schaltegger: Wie managen deutsche Unternehmen Nachhaltigkeit? Bekanntheit und Anwendung von Methoden des Nachhaltigkeitsmanagements in den 120 größten Unternehmen Deutschlands. Studie am Lehrstuhl für Nachhaltigkeitsmanagement der Leuphana Universität Lüneburg, 2009. S. 24.

² http://newsroom.accenture.com/article_print.cfm?article_id=4801 (14. Mai 2010).

³ „The United Nations Global Compact is a strategic policy initiative for businesses that are committed to aligning their operations and strategies with ten universally accepted principles in the areas of human rights, labour, environment and anti-corruption." (www.unglobalcompact.org).

⁴ Tesco PLC: Annual Report and Financial Statement 2009, S. 19.

⁵ „85 Cent pro Tag", Artikel auf sueddeutsche.de vom 4. Mai 2010 (http://www.sueddeutsche.de/wirtschaft/schwere-vorwuerfe-gegen-metro-cent-pro-tag-1.942130; 31. Mai 2010).

⁶ Tesco PCL Corporate Responsibility Report 2009, S. 31.

⁷ http://www.nachhaltigkeitsrat.de/news-nachhaltigkeit/2010/2010-03-18/chemischer-fingerabdruck-gegen-illegalen-handel-mit-rohstoff-coltan/ (31. Mai 2010).

⁸ http://www.nachhaltigkeitsrat.de/news-nachhaltigkeit/2010/2010-04-29/landesregierung-nordrhein-westfalens-will-gruener-einkaufen/ (15. Mai 2010).

⁹ KfW, Nachhaltigkeitsbericht 2009, S. 24.

Kapitel 6: Green Production - Energieeffizienz

¹ BP Statistical Review of World Energy June 2009, S. 40 (http://www.bp.com/liveassets/bp_internet/globalbp/globalbp_uk_english/reports_and_publications/statistical_energy_review_2008/STAGING/local_assets/2009_downloads/statistical_review_of_world_energy_full_report_2009.pdf; 29. Mai 2010).

² Nach Umrechung (Basis: 1 kJ=0,000024 kg RÖE) ergibt sich ein aus 9127 Petajoule ein Endenergieverbrauch von 219 Millionen Tonnen Rohöleinheiten.

³ Statistisches Bundesamt: Energie auf einen Blick. Ausgabe 2009, S. 10.

⁴ http://ec.europa.eu/news/energy/080123_1_de.htm (31. Mai 2010).

⁵ Eurostat: Energy, transport and environment indicators 2009, S. 142.

⁶ Statistisches Bundesamt: Energie auf einen Blick. Ausgabe 2009. S. 6.

⁷ Ebenda, S. 14.

⁸ Wuppertal Institut für Klima, Umwelt, Energie: Strategien und Instrumentenmix für eine Energieeffizienzpolitik. 2008. S. 1.

[9] Umweltbundesamt: Klimaschutz und Versorgungssicherheit. Entwicklung einer nachhaltigen Stromversorgung. Dessau 2009, S. 15.

[10] Pressemitteilung der Deutschen Energie-Agentur GmbH (dena): vom 10. Dezember 2009 (http://www.industrie-energieeffizienz.de/presse/pressemeldungen/pressemeldung-vom-10122009.html#c40712; 31. Mai 2010).

[11] Stephan Kohler, Vorsitzender der Geschäftsführung der Deutschen Energie-Agentur GmbH (dena), LUX 2/2010, S. 29.

[12] http://www.industrie-energieeffizienz.de/energy-efficiency-award/energy-efficiency-award-2009/1-preis-ebm-papst-mulfingen-gmbh.html (16. Mai 2009).

[13] Ebenda.

[14] Viessmann Deutschland GmbH: Effizienz Plus. Das Modellprojekt für Arbeits- und Energieeffizienz sowie erneuerbare Energien. S. 5.

[15] http://www.industrie-energieeffizienz.de/energy-efficiency-award/energy-efficiency-award-2010/1-preis-viessmann-werke-gmbh-co-kg.html (16. Mai 2010).

[16] BASF Bericht 2009, S. 93.

[17] BASF Bericht 2009, S. 94.

[18] Umweltbundesamt (Hrsg.): Green IT: Herausforderungen und Chancen. Hintergrundpapier für die BMU/UBA/BITKOM-Jahreskonferenz 2009. Dessau-Roßlau 2009, S. 7.

[19] Ebenda.

[20] Ebenda, S. 8.

[21] Ebenda.

[22] Deutsche Telekom AG: Corporate Responsibility Bericht 2009. S. 37.

[23] http://www.dp-dhl.com/de/verantwortung-online_report_2010/umwelt/ressourcen_effizienternutzen/flotte.html (31. Mai 2010).

[24] http://www.rewe-group.com/nachhaltigkeit/energie-klima-umwelt/energieeffizienz/logistik/ (31. Mai 2010).

[25] Pressemitteilung der Deutschen Telekom AG vom 22. April 2010 (http://www.telekom.com/dtag/cms/content/dt/de/595698?archivArticleID=851658; 31. Mai 2010).

[26] SMART 2020 Addendum Deutschland: Die IKT-Industrie als treibende Kraft auf dem Weg zu nachhaltigem Klimaschutz. S. 13.

[27] McKinsey & Company, Inc.: Kosten und Potentiale der Vermeidung von Treibhausgasemissionen in Deutschland. Studie 2007 erstellt im Auftrag von „BDI Initiativ – Wirtschaft für Klimaschutz".

[28] http://www.rewe-group.com/nachhaltigkeit/energie-klima-umwelt/energieeffizienz/green-building/ (31. Mai 2010).

[29] Roland Holschuh: Umweltmanagement bei Bankgebäuden. In: Immobilien & Finanzierung, Heft 2/2010, S. 43-45. S. 43.

[30] http://www.nachhaltigwirtschaften.net/scripts/basics/eco-world/wirtschaft/basics.prg?a_no=3055 (31. Mai 2010).

[31] http://www.banking-on-green.com/docs/2_DE_Forum_Nachhaltig_Wirtschaften.pdf (31. Mai 2010).

Kapitel 7: Green Production - Rohstoffeffizienz

[1] Die folgenden Ausführungen über Preisentwicklung, Angebot und Nachfrage beziehen sich nicht auf landwirtschaftliche Rohstoffe und Energieträger.

[2] Pressemitteilung des IfW vom 5. November 2009 (http://www.ifw-kiel.de/medien/pressemitteilungen/2009/pm05-11-09; 2. März 2010).

[3] Deutsche Bank Research, Aktuelle Themen 359, 30. Juni 2006, S. 2.

[4] Das entspricht rund 173 Milliarden Euro.

[5] Fischer Weltalmanach 2010. Frankfurt 2009, S. 689.

[6] World Mining Data 2009, S. 158f.

[7] World Mining Data 2009, S. 150f.

[8] World Mining Data 2009, S. 153.

[9] Umweltbundesamt (Hrsg.): GreenIT: Zukünftige Herausforderungen und Chancen. Dessau 2009. S. 17.

[10] http://www.demea.de/was-ist-materialeffizienz (23. Mai 2010).

[11] http://www.wiwo.de/unternehmen-maerkte/schott-leidet-unter-versorgungsengpass-414695/ (21. Mai 2010).

[12] Leoni AG, Geschäftsbericht 2008, S. 65.

[13] BMW Group: Sustainable Value Report 2008. S. 40.

[14] Ebenda, S. 41.

[15] mag° rund um ebm-pabst, S. 14.

[16] Nach Angaben der Fachagentur für Nachwachsende Rohstoffe, Stand 2006. (http://www.nachwachsenderohstoffe.de/fileadmin/fnr/images/daten-und-fakten/Abb44_sw300.jpg; 31. Mai 2010).

[17] BASF Bericht 2009, S. 32.

[18] BASF SE: Biotechnologie bei BASF, S. 9.

[19] Bundesministerium für Umwelt, Naturschutz und Reaktorschutz (Hrsg.): GreenTech made in Germany 2.0. München 2009, S. 113.

[20] Presseerklärung des Bundesverbandes der Deutschen Entsorgungswirtschaft (BDE) (http://www.bde-berlin.org/?p=2449#more-2449; 24. Mai 2010).

[21] Statistisches Bundesamt: Umwelt. Abfallbilanz 2008. Wiesbaden 2010 (http://www.destatis.de/jetspeed/portal/cms/Sites/destatis/Internet/DE/Content/Statistiken/Umwelt/UmweltstatistischeErhebungen/Abfallwirtschaft/Tabellen/Content75/Abfallbilanz2007,property=file.pdf; 20. Juni 2010).

[22] Viessmann Deutschland GmbH: Effizienz Plus. Das Modellprojekt für Arbeits- und Energieeffizienz sowie erneuerbare Energien. S. 9.

[23] http://demea.de/ (24. Mai 2010).

Kapitel 8: Green Products

[1] Nidumolu, Ram/Prahalad, C.K./Rangaswami, M.R.: In fünf Schritten zum nachhaltigen Unternehmen. In: Harvard Business Manager, 12/2009. S. 51-61. S. 53.

[2] Damals noch unter der Firma HEAG NATURpur AG.

[3] Pressemeldung der NATURpur Energie AG vom 19. Oktober 2010 (http://www.naturpur-energie.ag/print.php?uid=72&pmid=6773; 26. Mai 2010).

[4] http://www.naturpur-institut.de/print.php?uid=2 (26. Mai 2010).

[5] KSB Konzern Geschäftsbericht 2009, S. 44.

[6] KSB Konzern Geschäftsbericht 2009, S. 45.

[7] BASF 2009, S. 31.

[8] BASF 2009, S. 31f.

[9] BASF SE: Pressemitteilung vom 24. November 2009.

[10] Deutsche Post: GOGREEN Gemeinsam Verantwortung zeigen. S. 6ff. (http://www.deutschepost.de/dpag?tab=1&skin=hi&check=yes&lang=de_DE&xmlFile=link1020868_1020863; 31. Mai 2010).

[11] SMART 2020 Addendum Deutschland: Die IKT-Industrie als treibende Kraft auf dem Weg zu nachhaltigem Klimaschutz. S. 7.

[12] „Das Stromnetz beginnt zu denken", Artikel auf faz.net vom 30. September 2009 (http://www.faz.net/s/RubD16E1F55D21144C4AE3F9DDF52B6E1D9/Doc~EDEB58114DD5F401DB20DDA0F94CDAF9E~ATpl~Ecommon~Scontent.html; 27. Mai 2010).

[13] http://www.telekom.com/dtag/cms/content/dt/de/674776 (31. Mai 2010).

Kapitel 9: Green Marketing

[1] Harvard Business Manager, Ausgabe 12/2009.

[2] The economist, Ausgabe vom 29. Mai 2010, S. 31 und 35.

[3] http://www.ebmpapst.com/de/greentech/greentech.html (3. Juni 2010).

[4] http://files.gecompany.com/gecom/de/media/ factsheet_GE_ecomagination.pdf (28. Mai 2010).

[5] Esty, Daniel C./Winston, Andrew S.: Green to Gold. John Wiley & Sons, Hobo-

ken (New Jersey) 2009, S. 138.
6 http://www.interbrand.com/best_global_brands.aspx (28. Mai 2010).
7 http://www.interbrand.com/best_global_brands.aspx?year=2008&langid=1003 (28. Mai 2010).
8 Nestlé Deutschland AG: Presseinformation Mai 2010 (http://presse.nestle.de/presseinfo/nestle_1444/?kid=&print=1 (27. Mai 2010).
9 http://www.greenpeace.org/international/en/campaigns/toxics/electronics/Guide-to-Greener-Electronics/ (28. Mai 2010).
10 „Nicht mehr aus der Welt zu kriegen", Artikel auf sueddeutsche.de vom 17.12.2010 (http://www.sueddeutsche.de/wirtschaft/gruene-werbung-frank-dopheide-nicht-mehr-aus-der-welt-zu-kriegen-1.131798; 17. Dezember 2009).
11 „Verbraucherschützer überziehen Konzerne mit Abmahnungen", Artikel auf Spiegel Online vom 8. Mai 2010 (http://www.spiegel.de/wirtschaft/service/0,1518,druck-693684,00.html; 31. Mai 2010).

Kapitel 10: Green Controlling

1 http://www.nachhaltigkeitsrat.de/news-nachhaltigkeit/2010/2010-03-04/neue-indikatoren-nachhaltigkeit-in-der-sprache-des-finanzmarktes/ (31. Mai 2010).
2 European Federation of Financial Analysts Societies.
3 Key Performance Indicators for Environmental, Social and Governance Issues (http://www.effas-esg.com/; 3. Juni 2010).
4 Bundesministerium für Umwelt, Naturschutz und Reaktorsicherheit (Hrsg.): Was Investoren wollen. Nachhaltigkeit in der Lageberichterstattung. Berlin 2009, S. 7.
5 Ebenda, S. 8.
6 http://epa.gov/climatechange/emissions/ghgrulemaking.html (6. Mai 2010).
7 Carbon Disclosure Project Bericht 2009 Deutschland, S. 13.
8 Oliver Eitelwein/Lukas Goretzki: Carbon Controlling und Accounting erfolgreich implementieren – Status Quo und Ausblick. In: ZfCM – Zeitschrift für Controlling & Management, 54. Jahrgang, Heft 1/2010. S. 23-31. S. 25.
9 „Viel Lärm um jedes Gramm Kohlendioxid", Artikel auf Zeit online vom 18. März 2010 (http://www.zeit.de/wirtschaft/2010-03/CO2-fussabdruck; 31. Mai 2010).
10 http://www.cdsb-global.org/about-cdsb/ (31. Mai 2010).
11 The Greenhouse Gas Protocol, S. 25 (http://www.ghgprotocol.org/files/ghg-protocol-revised.pdf; 3. Juni 2010):
„Scope1: Direct GHG emissions
Direct GHG emissions occur from sources that are owned or controlled by the company, for example, emissions from combustion in owned or controlled boilers, furnaces, vehicles, etc.; emissions from chemical production in owned or controlled process equipment.

Scope 2: Electricity indirect GHG emissions
Scope 2 accounts for GHG emissions from the generation of purchased electricity consumed by the company. Purchased electricity is defined as electricity that is purchased or otherwise brought into the organizational boundary of the company. Scope 2 emissions physically occur at the facility where electricity is generated.
Scope 3: Other indirect GHG emissions
Scope 3 is an optional reporting category that allows for the treatment of all other indirect emissions. Scope 3 emissions are a consequence of the activities of the company, but occur from sources not owned or controlled by the company. Some examples of scope 3 activities are extraction and production of purchased materials; transportation of purchased fuels; and use of sold products and services."

[12] BASF Bericht 2009, S. 91.

[13] „Effizientes Carbon Accounting bei Deutsche Post DHL", Interview in: ZfCM – Zeitschrift für Controlling & Management, 54. Jahrgang, Heft 1/2010. S. 20-22. S. 22.

[14] Oliver Eitelwein/Lukas Goretzki: Carbon Controlling und Accounting erfolgreich implementieren – Status Quo und Ausblick. In: ZfCM – Zeitschrift für Controlling & Management, 54. Jahrgang, Heft 1/2010. S. 23-31. S. 27.

[15] Mario Schmidt: Carbon Accounting zwischen Modeerscheinung und ökologischem Verbesserungsprozess. In: ZfCM – Zeitschrift für Controlling und Management. 54. Jahrgang, Heft 1/2010. S. 32-36. S. 36.

Glossar

[1] Zahlen aus http://www.CO2-handel.de/lexikon-229.html (4. Juni 2010).

[2] Definition entnommen aus: Statistisches Bundesamt: Energie auf einen Blick. Ausgabe 2009. S. 46.

[3] Definition entnommen aus: Statistisches Bundesamt: Umweltökonomische Gesamtrechnungen. Nachhaltige Entwicklung in Deutschland. Wiesbaden 2010. S. 7. (http://www.destatis.de/jetspeed/portal/cms/Sites/destatis/Internet/DE/Content/Publikationen/Fachveroeffentlichungen/UmweltoekonomischeGesamtrechnungen/Indikatoren2010,property=file.pdf; 4. Juni 2010).

[4] Definition entnommen aus: Statistisches Bundesamt: Energie auf einen Blick. Ausgabe 2009. S. 47.

[5] Definition entnommen aus: Statistisches Bundesamt: Umweltökonomische Gesamtrechnungen. Nachhaltige Entwicklung in Deutschland. Wiesbaden 2010. S. 4.

[6] Definition entnommen aus: Statistisches Bundesamt: Umweltökonomische Gesamtrechnungen. Nachhaltige Entwicklung in Deutschland. Wiesbaden 2010. S. 6.

[7] „Was ist … Triple Bottom Line? In: Harvard Business Manager. 1/ 2008, S. 12. Zitiert nach http://www.gtz.de/de/leistungsangebote/25116.htm (4. Juni 2010).

[8] http://www.unglobalcompact.org/AboutTheGC/TheTenPrinciples/index.html (4. Juni 2010).

Quellen der Zitate an den Kapitelanfängen

Kapitel 1: Dr. Jürgen Hambrecht, BASF Bericht 2009, S. 9.

Kapitel 2: Prof. Claudia Kempfert, Siemens AG (Hrsg.): Industry Journal, 1/2010. S. 78.

Kapitel 3: 2° - Deutsche Unternehmer für den Klimaschutz, http://www.initiative2grad.de/ (25. Juni 2010)

Kapitel 4: C. K. Prahalad, Nidumolu, Ram/Prahalad, C.K./Rangaswami, M.R.: In fünf Schritten zum nachhaltigen Unternehmen. In: Harvard Business Manager, 12/2009. S. 51-61. S. 52.

Kapitel 5: Matt Kistler, Senior Vice President of Sustainability Walmart, Carbon Disclosure Project Supply Chain Report 2010, S. 3 (https://www.cdproject.net/CDPResults/CDP-Supply-Chain-Report_2010.pdf; 25. Juni 2010).

Kapitel 6: Stephan Kohler, Vorsitzender der Geschäftsführung Deutsche Energie-Agentur GmbH, LUX, 2/2010. S. 29.

Kapitel 7: Rainer Brüderle, Bundeswirtschaftsminister, Erklärung zum Start des Wettbewerbs „Deutscher Materialeffizienz-Preis" 2010 (http://www.demea.de/; 25. Juni 2010).

Kapitel 8: C. K. Prahalad, Nidumolu, Ram/Prahalad, C.K./Rangaswami, M.R.: In fünf Schritten zum nachhaltigen Unternehmen. In: Harvard Business Manager, 12/2009. S. 51-61. S. 61.

Kapitel 10: Ulrich von Deessen, Klimaschutzbeauftragter der BASF SE, Pressemitteilung der BASF SE vom 24. November 2009 (http://www.basf.com/group/corporate/de_DE/function/conversions:/publish/content/sustainability/environment/climate-protection/images/Presseinformation_zur_CO2-Bilanz.pdf; 25. Juni 2010).

Lesen Sie auch:

Prof. Dr.
Burkhard Schwenker

**Strategisch Denken –
Mutiger Führen**

ISBN: 978-3-9811506-6-7
Euro 14,90 (D)

Torsten Oltmanns &
Ralf-Dieter Brunowsky

**Manager in der
Medienfalle**

ISBN: 978-3-9811506-7-4
Euro 16,80 (D)